Albrecht Boguslawski

Ausbildung und Besichtigung oder Rekrutentrupp und Kompanie

Albrecht Boguslawski

Ausbildung und Besichtigung oder Rekrutentrupp und Kompanie

ISBN/EAN: 9783743650640

Hergestellt in Europa, USA, Kanada, Australien, Japan

Cover: Foto ©Andreas Hilbeck / pixelio.de

Weitere Bücher finden Sie auf **www.hansebooks.com**

Ausbildung und Besichtigung

oder

Rekrutentrupp und Kompagnie.

Von

A. v. Boguslawski,
Oberstlieutenant und Bataillons-Kommandeur im 1. Westpreußischen Grenadier-Regiment Nr. 6.

Zweite nach den neuesten Veränderungen umgearbeitete Auflage,

vermehrt durch einen Anhang

über die Ausbildung der Ersatzreserven.

---—<+>—---

Berlin 1882.
Ernst Siegfried Mittler und Sohn
Königliche Hofbuchhandlung
Kochstraße 69. 70.

Vorwort zur ersten Auflage.

Diese kleine Schrift will sich über die Art und Weise der Ausbildung und zwar vom Tage des Eintritts der Rekruten an bis zur Vorstellung der Kompagnie, als der Basis unserer militärischen Erziehung, äußern. Sie verdankt ihre Entstehung der Frage, ob unser Ausbildungsmodus einer Aenderung bedürfe, um die von allen Seiten betonte, auch von oben als nöthig anerkannte, noch höhere Gefechtsdisziplin zu erzeugen. Der rein praktische Gesichtspunkt ist hierbei festgehalten. —

An Rathschlägen hat es bisher nicht gefehlt. Nach unseren erfolgreichen Kriegen sind wir bemüht, der eine in dieser, der andere in jener Weise, die in unserem taktischen Verfahren bemerkten Mängel zu verbessern. — Unsere Gegner werden sogar anerkennen müssen, daß dies nicht auf unseren Lorbeeren ausruhen heißt. —

Man hat soeben die allgemeine Einführung brauchbarer Gefechtsformationen angeordnet.

Aber Jedermann weiß, daß die Ausbildung der Truppen erst der Form die Weihe giebt.

Um über Ausbildung sprechen zu wollen, ist es nöthig, die allgemeinen Ziele derselben vorher zu erörtern, umsomehr, da diese doch in vielen Punkten seit 1870/71 andere geworden sein dürften. Die Erörterung der taktischen Prinzipien überhaupt und einiger neuerdings hervorgetretenen Ansichten über Taktik und über Ausbildung muß hiermit zusammenfallen, um den Standpunkt klar zu legen, von welchem aus wir die Frage betrachten wollen.

Wenn wir an jetzt Bestehendem geändert haben wollen, oder hier und da in Nachfolgendem einer andern Ansicht entgegentreten, so wird man dies durchaus nicht als ein Verkennen unserer im Allgemeinen trefflichen Ausbildungsbasis, der wir bis jetzt so viel verdanken, oder als ein Verlangen nach kritischen Bemerkungen aufnehmen können. Unser Bestreben ist nur — wie schon früher öfter versucht — in bescheidenem Verhältniß mit zu nützen und über abweichende Ansichten womöglich sich zu verständigen.

Mai 1873.

Vorwort zur zweiten Auflage.

Die außerordentliche Verbreitung dieser kleinen Schrift in der Armee hatte die erste Auflage schon seit längerer Zeit erschöpft und zugleich das Erscheinen einer zweiten gerechtfertigt.

Die in einer Zeit von über acht Jahren eingetretenen Veränderungen, die neueren Erfahrungen, die gesammten Ergebnisse der militärischen Arbeit in dieser Zeit haben mich zu einer Umarbeitung veranlaßt, welche jedoch die in dieser Schrift vertretenen Grundsätze unverändert läßt.

Da ich jedoch in der Zeit von 1873 bis 1880 mehrere Schriften veröffentlicht habe, in denen die meisten Gesichtspunkte der Ausbildung, auch die in Bezug auf Feuerleitung und Anwendung des Feuers nach dem türkisch-russischen Kriege besonders hervorgetretenen, und ihre Nützlichkeit oder Schädlichkeit besprochen worden waren, so habe ich, um mich nicht zu wiederholen, auf die schon in jenen Schriften enthaltenen Darlegungen, wo es erforderlich war, nur kurz hingedeutet.

Diese Schrift ist durch jene übrigens durchaus nicht überflüssig geworden, denn es kann nicht verkannt werden, daß sie einen schon durch den Titel gekennzeichneten engeren Rahmen als meine anderen taktischen Schriften hat, daß sie einen eigenen Gedankengang, nämlich den: die Besichtigung hauptsächlich für die Ausbildung verantwortlich zu machen, enthält.

Die Einziehung der Ersatzreserven in der durch das Gesetz von 1880 bestimmten Weise hat ein ganz neues Element in unsere Armee und daher auch in unsere Ausbildungsweise geworfen. Es wäre als eine große Lücke in dieser Schrift zu betrachten gewesen, wenn die hierbei zu Tage getretenen Verhältnisse gar keine Erwähnung gefunden hätten. Aus diesem Grunde ist ein „Anhang über die Ausbildung der Ersatzreserven" hinzugefügt, wobei mir, neben eigenen Anschauungen und Beobachtungen bei verschiedenen Truppentheilen, nur die Nachrichten zu Gebote standen, welche durch den lebendigen Zusammenhang in dem geistigen Leben der Armee zur Kenntniß eines jeden gelangen, der wahres Interesse für die Angelegenheiten des Heeres hat.

Posen, im Dezember 1881.

Der Verfasser.

I.

Der Krieg von 1870/71 hatte folgende Erfahrungssätze für die Infanterietaktik festgestellt:

1) Die Kampfweise der Infanterie ist hauptsächlich das zerstreute Gefecht im größten Maßstabe.
2) Das geschlossene Gefecht bildet nur die Ausnahme von der Regel.
3) Die geschlossene Ordnung ist daher wesentlich als Unterstützungstrupps, Reserven, zum Nachdrängen und zur Leitung größerer Massen in zweiter oder dritter Linie auf dem Gefechtsfelde bestimmt.
4) Unsere Ausbildung im Felddienst und die Gewohnheit, in kleinen taktischen Einheiten zu fechten, trat den Franzosen gegenüber zwar vortheilhaft hervor, dennoch aber machten sich auch unsererseits, in Folge der starken Anwendung der zerstreuten Fechtart, oft sehr große Auflösung und starkes Durcheinanderkommen der Truppen bemerkbar.
5) In Folge wieder dieses Umstandes war oft Mangel an höherer und auch niederer Leitung und an Gefechtsdisziplin zu bemerken.
6) Sehr starke Verluste traten beim Angriff überall, besonders aber dort ein, wo man sich unzeitig der geschlossenen Ordnung bediente.
7) Unsere Feuerdisziplin zeigte sich zwar der französischen (auch der alten Truppen) überlegen, konnte aber in vielen Gefechtsmomenten auch nicht aufrecht erhalten werden.
8) Die deutsche Infanterie bewies Kraft und Ausdauer im Angriff und im langanhaltenden Feuergefecht, Zähigkeit und Ruhe in der Vertheidigung.

9) Reine Frontalangriffe gelangen selten, gewöhnlich nur in Folge von Ueberraschungen oder großer Erschöpfung des Vertheidigers.
10) Unsere Infanterie schlug die bravsten französischen Kavallerieangriffe stets zurück, häufig sogar nur in dichten Schützenlinien formirt.
11) Die deutsche Infanterie wendete das Feuer, ihrer Waffe entsprechend, auf kürzere Entfernungen an; die Franzosen dagegen ein massenhaftes Feuer auf sehr weite Abstände.
12) Die Führung der deutschen Infanterie bewies sich der französischen besonders in der Benutzung des Geländes und selbstthätigem Eingreifen der Führer bedeutend überlegen.

Unser Bestreben ist nun seit dem Kriege darauf gerichtet:

Die in obigen Sätzen mit ausgesprochenen Uebelstände unserer Kampfweise (Mangel an Leitung, an Gefechtsdisziplin erzeugt durch die große Auflösung) zu beseitigen, oder sie wenigstens zu verkleinern.

Auch 1866 traten diese Uebelstände schon oft sehr grell hervor. Daß man die Beseitigung derselben durch desto stärkeren Zusammenhalt der Massen anstreben könne, wie wirklich Einige meinten, ist eine veraltete, ganz unfruchtbar gebliebene Idee, eben so wenig ist dies durch die sorgfältige Ausbildung des Einzelnen, durch den Drill im Schulschritt, Griffen u. s. w. erreichbar, sondern die Einzelausbildung muß sich vor Allem auf die zerstreute Fechtart richten, um das Ziel zu erreichen. — Denn das zerstreute Gefecht ist nothwendig — der Wirkung der Hinterlader gegenüber, nothwendig als **Hauptkampfform**. Es gilt also mit diesem Faktor auf das Gründlichste zu rechnen. —

Alle seit 1871 erschienenen taktischen Schriften beschäftigen sich mehr oder weniger mit diesem Gegenstande, sei es durch Suchen nach der passendsten Form für das Gefecht, sei es durch Aufstellung von Grundsätzen über die Taktik selbst, oder die zu befolgende Ausbildung des Individuums und der Truppe. —

Neue Feuerformen, andere Formationen zur Vermeidung von Verlusten, Aufsuchen der unbestrichenen Räume, größere Uebungen in Divisionen und Korps — all dieses hat seine Verfechter gefunden.

Die richtige taktische Form ist unbedingt ein Grundbedingniß für die Möglichkeit der zweckentsprechenden Gefechtsführung, nächstdem aber ist die Ausbildung der Truppen, um sich dieser Formen zu bedienen, als das Wichtigste zu betrachten.

Die Mängel in der Gefechtsdisziplin und geringen Leitungsfähigkeit der großen Schützenschwärme sind anerkannt. Von vielen Seiten wird auch zugegeben, daß unsere Ausbildung in vielen Punkten zur Beseitigung derselben sich anders gestalten müsse.

Es ist nothwendig, die hieraus entspringenden Forderungen genau zu bezeichnen.

Man überlege sorgfältig, greife dann aber schnell hinein in's praktische Leben. Man fordere, was man fordern will. — Man fordere es bei den Besichtigungen.*)

Diese unsere Besichtigungen wirken entscheidend auf die Art der Ausbildung, auf die Leistungen der Truppen ein, denn wir haben ein so gutes intelligentes Offizierkorps, daß wir nur genau zu bezeichnen haben, was wir zu sehen wünschen, und das Möglichste wird geleistet werden. —

Ob aber unsere jetzigen Leistungen der Erfüllung heutiger Anforderungen an die Ausbildung, wie sie an Gefechts= und Feuerdisziplin, an Leitung des Kampfes in zerstreuter Ordnung gestellt werden, ausreichend Rechnung tragen? Wir können es nicht glauben.

Andere Besichtigungen, andere Ausbildung — auf diesem Wege werden wir den Schritt vorwärts machen, der uns zur Lösung jener Aufgabe, die wir mit Ernst und Eifer seit 10 Jahren anstreben, noth thut. Hiermit läßt sich der Anstoß geben, der erfolgen muß, um die Ausbildung dem jetzigen Gefecht vollkommen entsprechend zu gestalten.

---

*) Für etwaige Leser anderer Nationalitäten bemerken wir, daß in der deutschen Armee die Rekrutenausbildungsperiode etwa 3 Monate dauert. Sodann werden die Rekruten in die Kompagnie gestellt. Dieselbe wird etwa 4 Wochen später besichtigt. Bei dieser Besichtigung werden das gesammte geschlossene Exerziren und das zerstreute Gefecht auf dem Exerzirplatz, die Gymnastik und der theoretische Unterricht vorgeführt. — Etwa abermals nach 4 Wochen wird das Bataillon in diesen Dienstzweigen exkl. des Unterrichts besichtigt. — Erst nach diesen Vorstellungen beginnt die eigentliche Periode des Felddienstübens, wozu man Schützengefecht im Gelände, kleine Manöver, Vorpostendienst, Patrouillendienst u. s. w. rechnet. Was wir an dieser Eintheilung und dieser Art der Besichtigungen geändert wissen wollen, geht aus unseren Vorschlägen hervor. — In den letzten 10 Jahren ist man zwar da und dort von dieser Eintheilung etwas abgewichen. So besichtigte man bei einzelnen Regimentern die Kompagnien schon bei der Frühjahrsvorstellung im zerstreuten Gefecht im Gelände, im Allgemeinen aber blieb diese hier angegebene Eintheilung und Art der Besichtigung maßgebend.

Mit den taktischen Formen allein ist es nicht gethan, darüber ist man einig, denn es giebt keine Form, welche die einer Truppe nöthigen Eigenschaften, wie z. B. Gefechtsdisziplin, verbürgte.

Also Ausbildung und demgemäß Führung in dem Sinne, wie es das angenommene taktische Prinzip verlangt.

Die Führung kann nichts ohne die zweckentsprechende Ausbildung.

Letztere muß wie bisher von unten herauf — vom Individuum und von der kleinsten Abtheilung, dem Rekrutentrupp anfangend — ihren Ausgang nehmen.

Dieser Satz hat stets bei uns gegolten und gilt auch sonst fast überall. Wir haben uns schon anderwärts bemüht im Allgemeinen auseinander zu setzen, wie die Ausbildung der Infanterie sich bei den jetzigen Verhältnissen von Anfang an gestalten müsse. Es gilt hier nun genauere Besprechung dieses Gegenstandes. — Doch zuvor gestatte man uns einige Betrachtungen über vielfach hervorgetretene Ansichten, über Ausbildung und die Taktik selbst. Beginnen wir mit den Feldmanövern als dem Ziel und Endpunkt der Ausbildung im Frieden.

Viel Vortheilhaftes ist in der letzten Zeit über den Nutzen der größeren Manöver, der Massenübungen, gesagt worden. Wir wollen diesen Nutzen an und für sich durchaus nicht bestreiten, aber geradezu schädlich können dieselben sein, wenn man sie in einer Weise ausführt, die dem Geist der Taktik nicht entspricht. — So sah man z. B. bei den größeren Manövern mit markirtem Feinde nur noch zu oft der Wirklichkeit nicht mehr entsprechende Gefechtsformen, welche des Zusammenhalts der Massen wegen den Führern allerdings bequem, aber desto unnatürlicher waren.

Sollen diese Uebungen aber wirklich ein Bild des großen Massenkampfes sein, so muß sich der Führer nicht scheuen, auch die Infanteriemassen aufzulösen, welche zur Durchführung des Gefechts nöthig sind. Er muß wirklich die Taktik treiben, die für das heutige Gefecht gültig ist. Hiergegen wird oft umsomehr gefehlt, als die seit 1871 erlassenen reglementarischen Bestimmungen nach unserer Ueberzeugung den Erfordernissen des jetzigen Kampfes nur bedingt Rechnung tragen und die Anwendung älterer Formen vielfach gestatten, so daß die auseinandergehendsten Anschauungen gleicher Weise einen Stützpunkt in denselben zu finden im Stande sind. Es bedürfte demnach, um diese großen Uebungen für die Truppen selbst, nicht nur für die höheren Führer allein, nutzbringend zu gestalten, der längeren Einführung eines veränderten, noch mehr als bisher auf die zerstreute Fechtart gerichteten Ausbildungsmodus.

Die Franzosen betrieben bekanntlich diese Massenübungen vor 1870 sehr stark und standen in Bezug auf höhere und niedere taktische Führung, Gewandtheit der Mannschaft in der Benutzung des Geländes uns nach. Wir wissen sehr wohl, daß sie freilich diese Uebungen sehr einförmig und immer auf denselben Plätzen ausführten, aber dennoch können wir die Bemerkung nicht unterdrücken, daß solchen großen Manövern mit angenommenem (supponirtem) oder markirtem Feinde oft die Neigung anzukleben scheint, ins Schemaartige und vorher Festgestellte zu verfallen. Neuerdings (1881) hat man allerdings hierin in allen Armeen große Fortschritte gemacht, so auch in Deutschland, wo der Führer der gegen den markirten Feind auftretenden Abtheilung jetzt seine Aufgabe von einem Dritten erhält.

Aber selbst, wenn den vernünftigen Anforderungen, die man hierbei an das taktische Verfahren, Terrainbenutzung und Befehlführung machen kann, stets genügt würde, ist der Nutzen solcher Uebungen für die Truppe verhältnißmäßig immer noch ein sehr fraglicher, da die größeren räumlichen Verhältnisse es mit sich bringen, daß sehr viel Zeit mit der Versammlung, dem Aufmarsch und Halten in der Reserve verloren geht, und die eigentliche Kampfthätigkeit der Mannschaft, die Uebung für das Gefecht meistentheils eine sehr kurze ist.

Es wäre also, scheint uns, ein Irrthum, zu glauben, daß in der Vermehrung der Divisionsmanöver mit markirtem Feinde ein besonderes Mittel läge, die Mannschaft schlachtgewohnter zu machen. — Jede gut geleitete Uebung, große wie kleine, hat freilich ihren Nutzen, aber das Ernstgefecht kennt die Leitung der höheren Führung nach entbranntem Gefecht nur in einem geringen Grade. Eine scharf fechtende Division, und sogar schon Brigade, kann und wird stets nur theilweise durch ihren Kommandeur geleitet werden. Oft auch geht die Herrschaft des Kommandeurs über die Truppe bis auf einen sehr kleinen Bruchtheil derselben verloren. Die Leitung durch die niederen Führer gewinnt also in solchem Moment, nicht im Sinne eines Suchens nach vereinzelter Thätigkeit, sondern nach taktischem Zusammenstreben zur Erreichung des Gefechtszwecks, die allergrößte Bedeutung. Nur wer gesehen und erlebt hat, wie selbst vorzüglich geschulte Truppentheile ganz aus der Hand ihrer Führer kamen, hat einen Begriff von der Auflösung eines jetzigen Gefechts und von der Verminderung der Wirksamkeit gerade der höheren Führung. — Selbst die Armee Friedrichs des Großen hat nicht stets die taktische Disziplin im Gefecht zu halten vermocht, welche man ihr oft zuzuschreiben geneigt ist.

Man muß sich die Schlachten des Königs auch nicht wie die Potsdamer Revuen vorstellen — und doch machte der Kampf in geschlossenen Linien, das kurz tragende Gewehr es leichter als jetzt die Ordnung zu erhalten.

Es gab Leute, welche erzählten, daß auch dort die Form nicht immer festgehalten worden sei. Lloyd behauptet, auch das Salvenfeuer der preußischen Infanterie wäre im 7jährigen Kriege stets in „Hecken-" oder „Bataillenfeuer" übergegangen.

Wie viel mehr müssen sich heute die Folgen der aufgelösten Ordnung und des weittragenden Gewehrs zeigen. — Aus alle dem folgt für die Ausbildung der Truppe die Wichtigkeit der kleineren Uebungen, in welchen auch der niedere Führer sich hauptsächlich schult.

Wenn wir nun auch unter den nöthigen Vorbedingungen nichts gegen eine Vermehrung der Divisionsmanöver einzuwenden vermögen, so dürfte dieselbe in keinem Fall auf Kosten der kleineren Feldübungen, durch eine Verkürzung derselben, zu Stande kommen.

Schützenübungen im größten Maßstabe, welche es uns möglich machen sollen, die Schützenschwärme auch im Ernstgefecht zu leiten, werden unseres Erachtens immer besser bei der höchsten Waffeneinheit, der Brigade, während des Exerzirens derselben, welches sich in Bezug auf die angewendeten Formen nicht von einem Feldmanöver unterscheiden muß, in's Werk gesetzt werden.

Hierzu gehört, daß das Brigade-Exerziren freilich den Anforderungen des Gefechts volle Rechnung trägt. Deshalb ist es nöthig, der rein technischen Uebung halber, die Bataillone häufig aufgelöst durcheinander zu werfen und mit den gemischten Schützenlinien Gefechte durchzuführen.

Die gute Ausbildung des Einzelnen, des Zuges, der Kompagnie mit dem unverrückten Hauptziel, die Truppe zum Massenschützengefecht tauglich zu machen, bleibt die Hauptaufgabe aller Ausbildung der Infanterie im Frieden.

Nicht nöthig, ja nicht nützlich erscheint es, in der taktischen Ausbildung einen Unterschied in den Formen des hinhaltenden und entscheidenden Gefechts machen zu wollen, zwischen der „Demonstrative" und der „Decisive", Begriffsbezeichnungen, welche vor ungefähr 10 Jahren in der ersten Schrift des Obersten v. Scherff gebraucht wurden.*)

Aber weder die Bezeichnung noch der Begriff der „Demonstrative" scheinen uns einen wirklichen Fortschritt zu bedeuten.

Das taktische Verfahren wählt sich unter den vorhandenen Formen, was es gerade braucht, und es ist durchaus nicht als ausgemacht anzuerkennen, daß das Schützengefecht und die ausgedehnte Kompagniekolonnenlinie für die „Demonstrative" in den meisten Fällen so geeignet sind, um sie als eine im Allgemeinen passende Form für dieselbe erklären zu können. — Das Gegentheil könnte man auch behaupten. — Im hinhaltenden Gefecht oder bei Demonstrationen kann man hin und wieder in dem Falle sein, die Massen zusammenzuhalten, weil man oft mit der Drohung in der That auskommen wird. — Dagegen wieder kann man auch oft genöthigt sein, nur als Demonstration einen ganz scharfen Angriff auf irgend einen Punkt richten zu müssen, wie auch der Verfasser der „Friedensschule" ja selbst zugiebt, andernfalls der Feind eben an den Ernst der Sache nicht glaubt, und der Zweck verfehlt ist. Wenn nun aber eine feststehende Form der Demonstrative den Truppen und Unterführern sogleich erkennbar machte, daß es sich um nichts Ernstes handle, so würde sich in vielen Fällen eine gewisse Lauheit beim Vorgehen unausbleiblich der Truppe bemächtigen.

---

*) Wir müssen auf die in dieser Schrift „Studien zur neuen Infanterietaktik" aufgestellten Grundsätze noch öfter zurückkommen, wollen aber hier vorweg bemerken, daß wir uns mit den im ersten Theil der Schrift dargelegten Ansichten — schon unseren früher öfter ausgesprochenen Meinungen gemäß und auch nach den neuesten Veränderungen — in den meisten Punkten in Uebereinstimmung mit dem Verfasser befinden. Nur die Theorie von der Demonstrative können wir uns nicht zu eigen machen. —

Auch mit vielem im 2. Theil der Schrift „Friedensschule" über die Ausbildung Gesagten, besonders mit den Bestrebungen, der zerstreuten Fechtart (Einzelordnung) die gebührende Stelle zu verschaffen, sind wir selbstverständlich einverstanden. Wir stoßen aber auf andere Meinungsverschiedenheiten, unter denen wieder die Theorie von der Demonstrative und die daraus gezogenen Folgerungen hervorragen. Die von uns oben angestellten Betrachtungen scheinen auch jetzt noch nöthig, um unsere Ansicht über die Zwecke der Uebungen klarzulegen.

Wir führen diese verschiedenen Fälle an, um eben die Unzuläßlichkeit einer prinzipiellen Unterscheidung zwischen Entscheidungs- und Nichtentscheidungsformen für das Gefecht darzulegen. Das hinhaltende Gefecht oder die „Demonstrative" wird, dies ist nicht in Abrede zu stellen, oft genöthigt sein, aus der Vertheidigung in den Angriff zu fallen und umgekehrt. Dies ist aber auch oft bei anderen Gefechten der Fall. In jedem einzelnen Moment nun befindet man sich eben in einer oder der anderen Kampfesform — in der Vertheidigung oder im Angriff. — Ein Gemisch aus beiden mit dem Namen „Demonstrative" zu belegen, erscheint uns doch als ein zu wenig faßbarer Begriff. Mit demselben Recht könnte man das sogenannte stehende Feuergefecht als eine vierte Hauptkampfform hinstellen. —

Wir wollen die Berechtigung und die Existenz des hinhaltenden Gefechts und der Demonstrationen selbstverständlich nicht verneinen, wir sehen nur keinen ausreichenden Grund, dieselben als eine besondere Hauptform zu erklären und diese in bestimmte Rahmen zu fassen. Denn wenn die entgegenstehende Ansicht allerdings auch den Angriff und Vertheidigung als die Urformen des Gefechts bezeichnet, so zeigt doch die ganze Behandlung des Themas von der Demonstrative — indem dieselbe als Gattungsbegriff einer Anzahl der verschiedensten Gefechtslagen hingestellt wird — daß sie in der That als dritte Kampfform erklärt worden ist. Daher müssen wir nun darauf zurückkommen, daß es eben einzig Sache des Führers ist, im bestimmten Falle zu entscheiden, in welcher Weise und mit welchen Formen die Aufgabe gelöst werden muß. Und daß hierin volle Klarheit nothwendig ist, soweit es die Umstände gestatten, daß durch den Fehler, sich nur von den Ereignissen tragen zu lassen und nicht zu überlegen, was man eigentlich mit der oder jener Bewegung will, schon viel unnützes Blut geflossen ist, das hat Verfasser der „Studien" im ersten Bande und in seinen später erschienenen Werken vortrefflich dargelegt. Es ist aus der Geschichte der neuesten Feldzüge eben auch oft deutlich zu erkennen, daß man bei vielen Gelegenheiten zu wenig Gebrauch von dem hinhaltenden Gefecht und den Demonstrationen gemacht hat. —

Ist es nicht nöthig, zur Erreichung eines demonstrativen Zweckes seine Truppe in den Kampf eintreten zu lassen, so schiebe der Führer, der vor Allem an der Spitze sein und selbst sehen muß, seine Schützenlinien nicht weit vor, sondern entfalte seine Infanteriemassen in der Ferne.

Für unvorhergesehene Zwischenfälle kann er niemals stehen und demonstrative Formen würden diese auch nicht überwinden helfen. Muß ein ernstes Gefecht, wie z. B. beim Angriff der Brigade Kettler auf Dijon, stattfinden, nun so können eben auch nur die gewöhnlichen Angriffsformen gewählt werden, da anders die Truppe eben kaum ernsthaft angreifen wird. Dazwischen kann dann auch ganz wohl der Fall eintreten, daß sich im hinhaltenden Gefecht Formationen, ähnlich denen vom Verfasser als „demonstrative" bezeichneten entwickeln, aber der bestimmte Fall schreibt dies eben vor — nichts Anderes. Ob man nun die Kompagniekolonnen dabei etwas weiter auseinanderzieht oder nicht, — alles dies kann uns nicht berechtigen, besondere feststehende demonstrative Formen annehmen zu wollen.

Der Führer bediene sich der oder jener Form nach dem Zwecke des Gefechtes, der Führer, welchem das zu erreichende Ziel bekannt ist.

Nun ist aber der Begriff der „Demonstrative" nicht nur auf hinhaltende Gefechte (Avant-, Arrieregardenkämpfe, Demonstrationen u. s. w.) beschränkt worden, sondern man hat ihn viel weiter, unter anderem auch über das ganze Gebiet des kleinen Krieges, ausgedehnt. Dem können wir nun auch nicht zustimmen. — Man kann doch gewiß nicht immer die große Entscheidung bei einer Aktion des kleinen Krieges vor Augen haben, sondern nur die Entscheidung, die man eben in kleineren Verhältnissen augenblicklich erreichen kann. — Wenn also z. B. ein leichter Reitertrupp mit 50 Füsilieren ein feindliches Etappenkommando auf einen Schlag aufhebt und mit seinen Gefangenen verschwindet, so kann man doch einen solchen Handstreich, der an dem Punkte, wo er stattfindet, volle Entscheidung bringt, unmöglich als ein demonstratives Gefecht bezeichnen.

Auch können wir nicht zugestehen, daß die Ausnutzung des Geländes prinzipiell eine andere im kleinen und hinhaltenden Gefecht, als in der großen Kriegshandlung sein soll. — Das faktische Bestehen des Uebelstandes, bei unsern kleineren Manövern dem Gelände oft eine zu große Wichtigkeit beizulegen, kann allerdings ernstlich gerügt werden, denn der Gefechtszweck steht immer in erster Linie, und jede richtig gestellte Aufgabe in großen oder kleinen Verhältnissen muß dies erkennen lassen. Einen prinzipiellen Unterschied aber dahin machen zu wollen, daß man bei den kleinen Uebungen sich geradezu dem Gelände unterzuordnen hätte, scheint uns zu weit gegriffen. Im Großen wie im Kleinen heißt es nur, das Gelände benutzen, sich mit demselben bewaffnen.

Uebrigens können wir in der That nicht finden, daß unsere Felddienstübungen meist den Charakter von demonstrativen Gefechten tragen. — Das kommt denn doch ganz und gar auf die Art und Weise der Anlage an. — Im Allgemeinen müssen sie den Charakter eines Aktes des kleinen Krieges tragen und gerade dort kann sich die Angriffskraft sehr glänzend entfalten, und die energischste Gefechtsführung oft nothwendig sein.

Ist daher eine Felddienstübung richtig angelegt durch den Leitenden, sind die Voraussetzungen nicht zu weit herangeholt, die Aufgaben genau bestimmt, so wird das Gefecht sich nach denselben Grundprinzipien abwickeln, wie ein großes Manöver, welches etwa eine Schlacht darstellen soll. — Nur die Verhältnisse von Raum und Zeit sind verschieden; alles Andere, die Wirkung von Flankirungen, richtige Verfügung über die Reserven, Zusammenhalt der Truppe ꝛc. zeigen denselben Effekt.

Der Satz: „eine vergrößerte Felddienstübung ist keine Schlacht" ist freilich insofern richtig, als überhaupt jedes Manöver nur eine entfernte Aehnlichkeit mit einem Ernstgefecht hat; und eben deshalb erscheinen uns eine Felddienstübung und eine Schlacht als zwei verschiedenartige Größen, die nicht miteinander verglichen werden können.

Stellt man aber eine kleine Felddienstübung mit einem größeren Manöver, und ein kleines Gefecht mit einer Schlacht als gleichartige Größen in Parallele, so wird man bei genauer Betrachtung der Momente finden, daß die Anwendung der taktischen Grundsätze in beiden Kriegshandlungen dieselbe ist.

Allerdings ist es wahr, daß unseren Felddienstübungen — wie auch Oberst v. Scherff rügt — Reminiscenzen aus der Zeit ankleben, in welcher die zerstreute Fechtart noch eine Nebenrolle spielte und wesentlich zur Hinhaltung und Beunruhigung des Feindes vor dem Stoß der geschlossenen Massen diente. — Dies ist zu ändern, wo es noch nicht geschehen, ohne daß deshalb an dem System unserer Felddienstübungen resp. Herbstmanöver geändert zu werden brauchte.

Unsere Vorschrift von 1871 giebt zur Ausführung derselben genügenden Anhalt und ist — vielleicht mit Ausnahme einiger Sätze über den Vorpostendienst — vortrefflich abgefaßt, eine würdige Nachfolgerin der von 1861, welche unsere Siege gegen Oesterreich vorbereiten half, indem sie uns lehrte, die Zündnadelgewehre gegen den Vorderlader, die Schützen- und Kompagnie-Kolonnentaktik gegen die Fechtart in Massen auszunutzen.

Wir kennen — beiläufig gesagt — in der neueren Militärgeschichte kaum etwas Bewundernswertheres als die Voraussicht, mit welcher der preußischen Infanterie mitten im Frieden damals die passende Taktik gegen künftige mit dem Vorderlader bewaffnete Feinde vorgeschrieben wurde.

Wir brechen entschieden eine Lanze für das System unseres Felddienstes und unserer Manöver, für das System, nicht für die Art und Weise, wie es oft betrieben wurde.

Aber selbst begangene Fehler konnten die Trefflichkeit des Systems nicht tödten, dem wir die Erhaltung unserer Kriegstüchtigkeit größtentheils verdanken.

Nichts nützlicher z. B. als unsere Offiziersaufgaben, wenn sie verständig geleitet werden. Sollen nicht bereinst manche unserer jungen Offiziere unsere Heerführer sein? Und ist es nicht wichtig, durch selbständige Kommandos im Sinne des kleinen Kriegs, ihre Orientirungsgabe, ihre Entschlußkraft zu stärken? Lassen wir den Betrieb dessen, was wir bis jetzt Felddienst nennen, wie er ist, wenden wir nur stets die passenden Gefechtsformen, d. h. die zerstreute Fechtart in der Ausdehnung an, wie sie im Ernstgefechte bei scharf fechtender Infanterie sich nothwendig zeigt, und verfahren wir in der Vorbereitung zu den eigentlichen Felddienstübungen und endlich in diesen selbst systematischer.

Jedes Manöver in zwei Abtheilungen ist im Allgemeinen eine Uebung höherer Art und, richtig durchgeführt, für die Ausbildung mehr werth, als ein solches mit markirtem oder angenommenem Feinde. Denn worin besteht die ganze ungeheure Schwierigkeit der gesammten Kriegskunst? Doch in den Wechselfällen, die man nicht voraussehen kann. Und diese gerade treten uns beim Manöver in zwei Abtheilungen nahe, schärfen die Schnelligkeit des Urtheils, des Entschlusses.

Nun aber ist nicht zu leugnen, daß wir zu den Felddienstübungen, d. h. zu den kleineren Manövern in zwei Abtheilungen, und daher auch zu den größeren Manövern nicht mit der gehörigen Vorbereitung gehen, wie von uns schon in zwei früheren Schriften betont worden ist, daher wir von der Vortrefflichkeit des Systems nicht den Nutzen ziehen, den wir in der That ziehen könnten.

Die einzelne Gefechtsübung im Kleinen muß die Vorbereitung zu jenen kleinen Manövern bilden, welche in Erfüllung von gegebenen

Aufgaben gipfeln, und stimmen wir in diesem Punkte ganz mit dem Verfasser der mehrfach genannten Schrift, der diesen Gedanken vortrefflich ausführt, überein. Diese **Gefechtsübungen im Gelände** sind die wahre Vorschule und in ihnen entfaltet sich die erfolgreichste Thätigkeit des Truppenoffiziers für die Ausbildung der Mannschaft.

Selbstverständlich rechnen wir diese Gefechtsübungen, mögen sie nun auf der Ebene oder im Gelände stattfinden, auch zum Felddienst — zur ersten Stufe desselben —, dessen Betrieb, mit dem Schützendienst anfangend, sogleich neben der Exerzirausbildung hergehen muß. Wenn über Mangel an Zeit für den Felddienst hin und wieder besonders in Festungsgarnisonen mit Recht geklagt wird, so kann dies nur ein Grund mehr sein, diesen Zweig des Felddienstes, also das Gefecht, sogleich mit der ersten Ausbildung zu verbinden.

Denn wer mag überhaupt zuerst auf die verzwickte Idee gekommen sein, in allen unseren Instruktionsbüchern — welche die Armee schon seit Jahrzehnten in Gebrauch hat — das Tirailliren als nicht zum Felddienst gehörig hinzustellen?*)

Aber auch zur sorgfältigen **Schulung der niederen Führer** sind systematische Gefechtsübungen — als Vorübung der eigentlichen Manöver — unentbehrlich.

Das Thema der niederen Führung, aus welcher sich die höhere herausbilden soll, hat dieselbe, ja eine noch größere Wichtigkeit als die Ausbildung der Truppe.

Schon das Jahr 1866 brachte uns eine große Menge junger Offiziere, von denen viele bisher an andere Reglements und andere Taktik gewöhnt gewesen waren.

Die starken Verluste von 1870/71 verursachten sehr zahlreiche Offizierernennungen, und die Truppe wies nunmehr eine übergroße Anzahl sehr jugendlicher Führer auf. Diese jungen aus dem Kriege hervorgegangenen Offiziere hatten ohne Zweifel große nicht zu unterschätzende Erfahrungen, aber die Erfahrung ist nicht Alles. Ein Kursus auf der Kriegsschule ist vortrefflich, aber die wahre Praxis der Führung wird nur bei der Truppe erlernt. — Die Grundbedingungen der Ausbildung im Frieden müssen daher feststehen, kein langes Schwanken ist zulässig.

---

*) Es gewährt mir eine große Genugthuung, daß neuerdings in mehreren Instruktionsbüchern, so u. a. besonders in dem von Köhler, diese alte verfehlte Eintheilung verlassen worden ist.

Die Lehrer der jüngeren Offiziere sind die älteren, aber Grundbedingung ist, daß das System selbst ihre Bemühungen unterstützt, um dereinst eben so tüchtige Kompagniechefs und Stabsoffiziere, wie die in jenen Feldzügen verwendeten, zu besitzen.

Nicht zu verkennen aber dürfte sein, daß diese Grundbedingung bei uns in nicht ganz ausreichender Weise vorhanden war, und demgemäß auch mancherlei Nachtheile nicht ausgeblieben sind.

So lange die Grundvorschrift nicht ganz von einheitlichem Geiste durchweht und auf die Anforderungen des modernen Gefechts gebaut ist, so lange sie selbst für den einfachsten Fall die verschiedenartigsten Auslegungen und die Anwendung der verschiedensten Formen, je nach der Ansicht der maßgebenden Persönlichkeiten, zuläßt, so lange die Ausbildung nicht nach den einfachsten Grundsätzen betrieben wird, sind ungünstige Einwirkungen auf die praktisch-taktische Ausbildung des jüngeren Offizierkorps nicht zu vermeiden, und dieser Einwirkung hat sich dasselbe, trotz der in manchen anderen Dienstzweigen gemachten großen Fortschritte, besonders in Bezug auf die Sicherheit der Führung, nicht ganz zu entziehen gewußt.

Es kommt im Uebrigen nicht darauf an, wie man dies jetzt öfter sieht, die jungen Offiziere bis in die sinkende Nacht zu beschäftigen; wie man sie beschäftigt und unterweist, ist die Hauptsache.

Nächst der Pflege des Geistes der Pflichttreue und der Mannszucht muß die Erziehung zur Selbständigkeit wie bisher im Vordergrunde stehen.

Die Klagen über eine zu selbständige Handlungsweise der niederen Führer in den Feldzügen 1866, 1870—71 sind nicht ohne Begründung — besonders in Bezug auf 1866 —, indessen geht man jetzt andererseits hierin der sogenannten großen Schlachtentaktik zu Liebe auch zu weit. Die Auflösung, in welcher die Truppen oft in unseren letzten Feldzügen fochten, entstand viel weniger aus der zu waghalsigen Unternehmungslust Einzelner, wie in einzelnen Schriften behauptet, als aus der Nichtgewöhnung der Truppen, in solchen Massenschwärmen zu kämpfen und oft auch aus der unrichtigen Anlage größerer Gefechte. Aendern wir das Nöthige in der Ausbildung der Truppe, und wir werden sehen, daß unsere Hauptleute ihre Kompagnien mehr in der Hand behalten und mehr im Zusammenhange mit den nach der Truppeneintheilung neben ihnen fechtenden Truppenkörpern führen werden.

Wenn man uns nur sagen wollte, was der niedere Führer, falls die höhere Führung, wie fast überall jetzt in größeren Gefechten, einen bedeutenden Theil ihrer Wirksamkeit einbüßt, anders anfangen soll, als selbstständig handeln!

Eine übermenschliche, ganz unausführbare Aufgabe für den höheren Führer wäre es, sich seinen Einfluß mitten im Gefecht voll erhalten zu wollen, und keine Massenübung wird ihm je dazu verhelfen. Sein Einfluß kann meist nur bestehen in Ausgabe klarer Anordnungen vor dem Gefecht, in weiser Zurückhaltung und richtiger Verwendung der Reserven, in Angabe von Richtungspunkten, in Absendung von Befehlen.

Aber erreichen diese letzteren in jedem Falle den niederen Führer?

Was kann dieser nun dicht vor dem Feinde in solchem Moment anders thun, als selbstständig sein Bestes daransetzen? Die Lehren von 1866 waren 1870 nicht unbenutzt geblieben, und bestrebte man sich seitens der niederen Führer redlich, den allgemeinen Gefechtszweck niemals aus den Augen zu verlieren.

Aber die Gestaltung des Gefechts, welche in dieser Ausdehnung von den meisten, höheren wie niederen Führern, nicht erwartet worden war, überraschte Viele und trug dazu bei, den Zusammenhang zu erschweren. Dieselben Erfahrungen hat man 1877 im Türkenkriege gemacht.

Genug, wir behaupten, daß man als hauptsächliche Ursache der hervorgetretenen Mängel durchaus nicht die niedere Führung anklagen kann. Wir haben diesem Geist der Selbstständigkeit unter den niederen Führern jedenfalls viel mehr zu danken, als er uns geschadet hat. Er ist leicht zu ersticken, aber schwer wieder zu erwecken. Deshalb hüten wir uns, ihn zu tödten. — Nur mit ihm im Bunde lassen sich die Massen lenken. Theilung der Arbeit in der Gefechtsführung kann einzig zum Heil gereichen.

Die Franzosen litten bei ihren Vorstößen besonders daran, daß ihnen die gewandte Führung der einzelnen Truppenkörper abging. Dasselbe war bei den Oesterreichern 1866 der Fall.

Daß die Selbstständigkeit nicht in Zügellosigkeit ausarte, dagegen müssen wir uns natürlich nachdrücklichst verwahren. Bei richtiger Ausnutzung unserer jetzigen Erfahrungen wird dies in Zukunft aber nicht mehr zu besorgen sein.

Die falschen Begriffe von Selbstständigkeit, und die Verwirrung, die vor 1866 in vielen Köpfen spukte, sind in der Allgemeinheit verschwunden und hat sich hierin die Reform größtentheils durch den gesunden Sinn des Offizierkorps und durch den längeren Feldzug von 1870, sowie durch die Durcharbeitung der Lehren desselben in den letzten zehn Jahren selbst vollzogen. Man weiß, daß man im möglichsten Zusammenhange kämpfen muß, und hält auch nicht den Lieutenant für den Schlachtenentscheider. Köpfe von mangelhafter Auffassungsgabe, wie sie in allen Armeen vorhanden, werden freilich von dem Begriff der Selbständigkeit gewöhnlich einen falschen Gebrauch machen, und ist es Sache des Vorgesetzten, im bestimmten Falle hiergegen mit dem vollen Gewicht seiner Autorität aufzutreten.

Die Entscheidung wird allermeist durch die Richtung der Truppen auf den oder jenen Punkt, also durch die obere Führung herbeigeführt, — aber die Hauptarbeit im Gefecht selbst, die allerdings müssen die niederen Führer verrichten und sind mit Recht stolz darauf.

Es hat aber jetzt wirklich manchmal den Anschein, als ob man einerseits glaubte, unsere niederen Führer seien hier und dort wahrhaftig muthwillig aus der Schlachtordnung herausgestürzt und hätten Gefechte rein zu ihrem Vergnügen unternommen.

Der Fehler lag auch oft nicht einmal an der Ausbildung allein. Man könnte wohl hier darauf hinweisen, daß das bruchstückweise Einsetzen größerer Truppentheile, welches, wie ja überall zugestanden wird, 1870 vielfach vorgekommen, — an einigen Orten vielleicht mit gutem Grund, an anderen ohne ausreichendes Motiv —, sehr oft ungünstige Einwirkungen nach unten gehabt hat.

In jedem Falle aber frage man, ehe man urtheilt, nach dem Motiv des Führers, der freilich, je höher hinauf, je mehr Selbständigkeit, aber auch mehr Verantwortlichkeit hat.

In den Gefechtsübungen nun muß vorwiegend darauf gehalten werden, daß das Element des taktischen Zusammenhalts zum Ausdruck komme. Hierin stimmen wir Scherff ganz bei.

Andererseits muß man den niederen Führer auch nicht an der Schlachtordnung absolut kleben lassen.

Ueber das Verhalten im Gefecht selbst wird die Kontrole stets — sogar schon beim Manöver — schwer sein. Deshalb muß immer besonders darauf hingewiesen werden, daß vor dem Beginn einer etwa erwarteten großen Kriegshandlung jedes unnütze Scharmützel zu vermeiden ist.

Dies ganze Thema ist, wie auch von Anderen bemerkt, ein sehr heikles, und lassen sich Regeln hier in der That noch weniger aufstellen als über andere taktische Verhältnisse. Die Hauptleute sollen stets darauf halten, nicht den Bataillonsverband zu verlieren — wie das Bataillon seinerseits nicht den Brigadeverband — aber dennoch brauchen wir in einzelnen Fällen wieder die selbständige Thätigkeit auch der kleinsten Einheit.

Nehmen wir z. B. folgenden Fall an: Etwa 2000 Schritt vor diesseitiger Front liegt eine Höhe und etwa 7—800 Schritt rechts von der Höhe ein Dorf. Die Höhe ist vom Feinde besetzt und soll umfassend durch ein Bataillon angegriffen werden. Die vier Kompagniekolonnen eines in der Vorhut sich befindenden Bataillons gehen auf die Höhe mit Gefechtsabständen los. Plötzlich entdeckt der Führer der linken Flügelkompagnie, daß der Feind im Begriff ist, das Dorf zu besetzen. Der Angriff würde hierdurch offenbar flankirt, ja sogar in den Rücken genommen werden und jedenfalls mißlingen. Der Bataillonskommandeur befindet sich augenblicklich auf dem rechten Flügel — periculum in mora. — In rascher Erkenntniß der Lage wirft sich der Kompagniechef, die ursprüngliche Richtung aufgebend, mit seiner Kompagnie in das Dorf (s. nebenstehende Skizze).

Wir halten in diesem Falle seine Handlungsweise für richtig. — Solcher Fälle, in denen ein Festkleben an der Stelle im taktischen Verbande zum Unheil gereichen würde, giebt es aber viele.

Man kann daher nur ganz im Allgemeinen Grundsätze für die niedere Führung aufstellen, welche etwa in folgenden Sätzen gipfeln:

1) Der taktische Zusammenhalt der eigenen Kompagnie und der im größeren Verbande muß ohne eine dringende Veranlassung nicht zerrissen werden.

2) Während des Kampfes selbst hat der Führer, nach Erreichung des zunächst liegenden Gefechtszweckes, sich stets nach Möglichkeit zu orientiren und nach Aufnahme der etwa verlorenen Verbindung zu streben, soweit es die augenblicklich obwaltenden Verhältnisse zulassen.

3) Etwaige allgemeine Richtungspunkte sind festzuhalten.

4) Nach Wegnahme einer Stellung, oder in anderen Gefechtspausen ist die taktische Ordnung möglichst wieder herzustellen.

5) Trifft ein Offizier im Gefecht mit anderen Truppentheilen, die denselben Gefechtszweck verfolgen, zusammen, hat er sich und seine Leute unter den Befehl des ältesten anwesenden Vorgesetzten zu stellen.

— 23 —

6) Nach Beendigung des Gefechts ist die ihm verbliebene Mannschaft zu ordnen und der eigene Truppentheil sofort aufzusuchen.

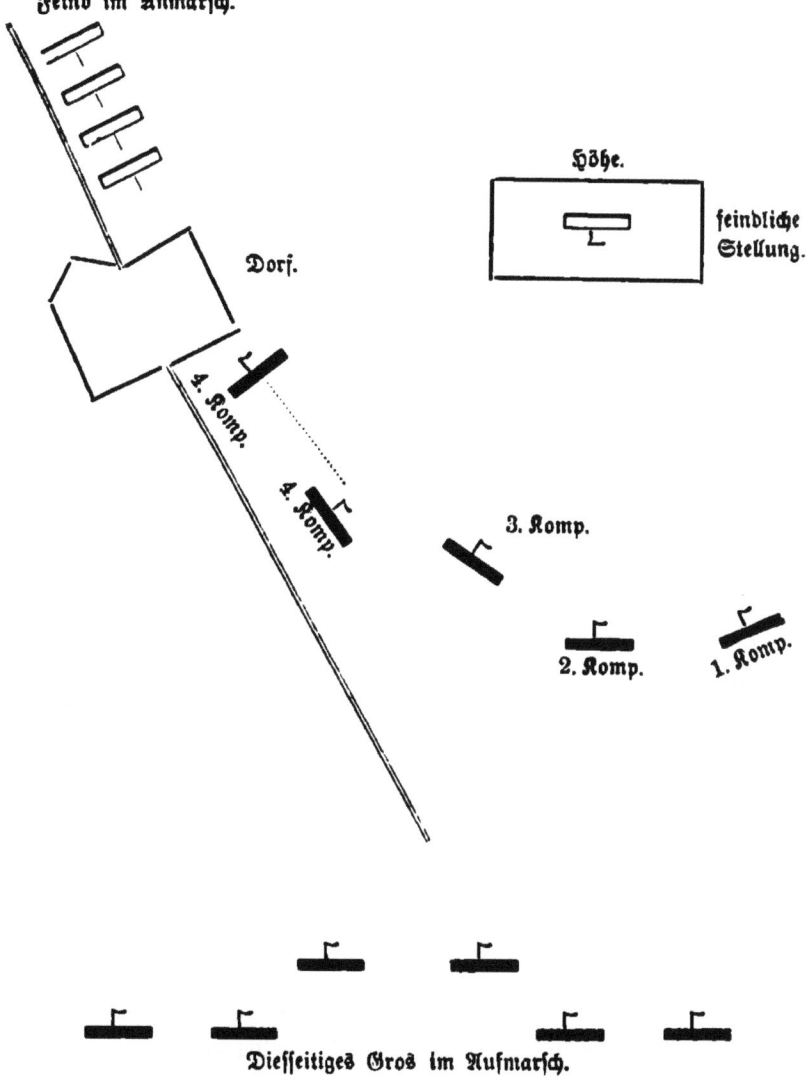

Im Uebrigen sind wir überzeugt, daß der bei weitem größte Theil unserer niederen Führer auch nach diesen Grundsätzen 1870/71 schon verfahren hat.

Fehler sind selbstverständlich auch hier vorgekommen, und liegt es uns ganz fern, etwa hier eine Klasse besonders hervorheben zu wollen, sondern wir möchten nur davor warnen, die Ursache etwaiger Mängel dort suchen zu wollen, wo sie nur zum kleinsten Theil zu finden sind. Ist es möglich, mehr Gefechtsdisziplin in solchen Kämpfen wie bei Wörth, Vionville u. s. w. zu beweisen, und wir glauben dies, so kann nur die Ausbildung, und der ordnungsmäßige gleichzeitige Eintritt größerer Truppeneinheiten in das Gefecht Abhülfe schaffen.

Vor Allem muß schleunigst darauf hingearbeitet werden, eine gewisse Gleichmäßigkeit der Form und des Prinzips festzustellen, zu Fleisch und Blut in der Armee zu machen. Denn wenn wir die Selbständigkeit im großen Schützengefecht oft als unabweisbar erforderlich für den niederen Führer betrachten, so muß doch der Vorgesetzte da, wo er es wirklich im Stande ist, also z. B. bei der Ausbildung im Frieden, seinen Einfluß voll ausüben. Ein Bataillon, in welchem jede Kompagnie ein anderes System von dem oder jenem Dienstzweige hat, wäre kein gutes Bataillon.

Wir sehen keinen Grund, auf die Betrachtung der seit 1876 bei uns geltenden Grundvorschrift, welche indeß durch Zusätze sowohl als auch durch die neueren Schießinstruktionen bereits wieder mancherlei Aenderungen erfahren hat, näher einzugehen. Die schon längst von uns und Anderen ersehnten Reformen haben wir anderen Orts dargelegt. Wir wollen hier nur erwähnen, daß uns die Beseitigung der doppelten Aufstellung (Rangirung) stets als das bringendste Erforderniß für die Vereinfachung der Ausbildung in wahrhaft kriegsgemäßem Sinne erschienen ist, und wir werden nicht müde werden, dies immer und immer zu wiederholen.

Die Idee aber, die dreigliedrige Stellung auch für das Gefecht einzuführen, ist von uns immer bekämpft worden.

Das von vielen sehr mißverstandene Argument des Obersten v. Scherff, daß man doch in die „Einzelordnung", d. h. die zerstreute Fechtart, baldigst übergehe, ist allerdings das einzige stichhaltige. Aber abgesehen davon, daß man sich zum zerstreuten Gefecht augenscheinlich schneller aus zwei Gliedern entwickelt, giebt es denn doch Ausnahmefälle, wo eine Truppe genöthigt sein kann, in der geschlossenen Masse zu kämpfen.

Solche Fälle sind z. B.:

1) Beim Vorgehen in der Nacht. —

Ein solches Vorrücken kann nicht mit starken Schwärmen erfolgen. Dasselbe käme sonst bald ins Stocken, auch ist das feindliche Feuer nicht so wirksam, die geschlossene Masse also anwendbarer.

2) Ein geschlossener Unterstützungstrupp stößt im hügligen, oder sehr bewachsenen Gelände ganz plötzlich auf den Feind. —

In diesen Fällen — wie auch gegen Kavallerie — kann man genöthigt sein, plötzlich aus der Masse feuern zu müssen. —

Offenbar geschieht das besser mit zwei, als mit drei Gliedern. Nun sagt zwar die andere Ansicht, daß man auch aus vier Gliedern feuern läßt und daher durch nichts gehindert sei, bei drei Gliedern das erste Glied, wie dort den ganzen vorderen Zug, auf die Kniee fallen zu lassen. —

Hierauf ist zu antworten:

Man kann, wenn man will, aus vier Gliedern feuern, aber man ist nicht dazu genöthigt.

Man denke sich z. B., daß eine Kompagnie eine Salve aus hohem Korn, oder über eine Hügelkette, oder über einen Damm hinweg auf Kavallerie geben will. Die Leute müssen stehen, um sehen zu können, also darf das erste Glied nicht knieen.

Dies ein Argument von vielen gegen die dreigliedrige Stellung, aber dies eine scheint uns schon ganz genügend.

„Es ist unendlich wichtig, daß der Soldat, hoch oder niedrig, diejenigen Erscheinungen des Krieges, die ihn das erste Mal in Verwirrung oder in Verlegenheit setzen, nicht das erste Mal im Kriege sehe",

sagt Clausewitz und kann das nichts Anderes heißen, als:

Gestaltet Eure Uebungen möglichst kriegsgemäß.

Auf diesen Satz bauen wir das Nachfolgende.

II.

Glaubt man mit uns, daß es nöthig sei, in der Ausbildung Manches anders zu gestalten, um unsere Gefechts- und Feuerdisziplin noch mehr als bisher auszubilden und damit den Anforderungen der großen Schützenkämpfe zu genügen, so muß dies vom ersten Stadium der Ausbildung anfangend geschehen.

Es genügt aber nicht einmal, durch dienstliche Vorschriften, oder durch Bücher in privater Weise die nöthige Anleitung zu geben, sondern es wird nöthig sein, sich faktisch davon zu überzeugen, daß die Ausbildung die richtigen Wege einschlägt. Die Früchte derselben sind genau zu besichtigen, — und so kommen wir eben auf das im ersten Abschnitt Gesagte zurück, indem wir wiederholen:

Unsere Besichtigungen bedürfen einer Reform.

Um sogleich durch ein Beispiel diese Behauptung zu ergänzen, führen wir den § 13 des jetzigen Infanterie-Reglements an, in welchem es heißt, daß, sobald die Anfangsgründe der Chargirung von dem Rekruten begriffen sind, ihm die zerstreute Fechtart gelehrt werden soll, und zwar nicht nur die Formen derselben, sondern auch ihre Anwendung im Gelände. — Nun fragen wir, wie überzeugt sich die Besichtigung, daß dies geschehen ist?

Es geschieht nur ganz sporadisch. —

Die alten Gewohnheiten, die Art und Weise der Besichtigungen lassen es bei den meisten Truppentheilen nicht zu, die Aufmerksamkeit auf diesen Gegenstand zu richten. Die Folge dieser Unterlassung ist, daß die vortreffliche Bestimmung dieses Paragraphen nur sehr unvollkommen, bei vielen Truppentheilen gar nicht, zur Ausführung gebracht wird — und doch liegt hierin gerade so ungemein viel. —

Dem Manne von Anfang an den Begriff geben, um was es sich eigentlich handelt, scheint uns die Hauptbasis zur Erreichung von höherer Gefechtsdisziplin.

Haben wir also Unrecht, wenn wir behaupten, daß es auch die beste Vorschrift nicht allein thut? Die Kontrole muß ihrerseits vorwärts schreiten und sich von Standpunkten losmachen, die nicht mehr zu den jetzigen Anforderungen taktischer Thätigkeit der Truppe passen.

Soll man etwas zu Stande bringen, muß man wissen, welches Ziel man sich stecken soll. Hierüber also zuerst Klarheit.

———

Doch zuvor noch einige Worte über die Begriffe der Uebungen selbst.

Wir bezeichnen zwar gewisse Uebungen mit dem Ausdruck „Elementarübungen", aber wir dehnen ihn nicht weit genug aus. Nicht nur die Anfangsgründe des Exerzirens sind als Elementarübungen zu bezeichnen, sondern dieser Begriff ist auch in die Gefechtsübungen überzutragen, wie dies die Instruktion für die Manöver von 1871 auch an einzelnen Stellen, ohne damit gerade ein Prinzip aufstellen zu wollen, auch thut.

Wir halten für nöthig, scharf zu unterscheiden zwischen:
1) elementaren Uebungen, d. h. den rein technischen Vorübungen zum Gefecht, und
2) den taktischen Uebungen selbst.

Zu den ersten rechnen wir Alles, was zur formellen Entwickelung einer Kompagnie zum Gefecht dient, also: Das Ueben der Chargirung, Schätzen der Entfernungen, die Entwickelung einer Schützenlinie, das Sammeln in verschiedenen Formationen, die Entwickelung der geschlossenen Kompagnie nach verschiedenen Richtungen — alles dies eben nur als Uebung der Form ohne bestimmte untergelegte Gefechtsideen.

Zu den taktischen Uebungen rechnen wir die Durchführung einer Gefechtsidee, sei es auf dem Exerzirplatz, also der Ebene, oder in einem Abwechselung bietenden Gelände, wo die oben genannten Vorübungen ihre Anwendung finden.*)

Wenn wir also hier öfter von Vorübungen oder elementaren Uebungen zum zerstreuten Gefecht sprechen werden, hoffen wir mit diesem Ausdruck nicht unverständlich zu sein.

Eine Haupteintheilung des gesammten Uebungsstoffes kann man ferner noch machen in direkte und indirekte Uebungen; zu ersteren gehört das ganze Exerziren, der Schützendienst, der Felddienst, das Schießen; zu letzteren die Gymnastik, einige Uebungen ausgenommen. —

Eine dergleichen Haupteintheilung sich vor Augen zu stellen, scheint uns praktisch, weil hierdurch schon von Anfang an der Tendenz vorgebeugt wird, den eigentlichen Ausbildungszweck zu Gunsten indirekter Uebungen aus den Augen zu verlieren, was wohl hin und wieder geschieht. Wir haben wenigstens in unserer Dienstzeit die Erfahrung gemacht, daß es vorzüglich turnende Kompagnien geben kann, die im Felddienst sehr wenig leisten. —

Wir stellen nun das zur Besichtigung des Rekrutentrupps bisher Verlangte, und das, was unserer Meinung nach verlangt

---

*) Wir haben in unseren sämmtlichen Schriften die Unterscheidung zwischen „reiner" und „angewandter" Taktik bekämpft als der Aufstellung des Gegensatzes zwischen Exerzirplatz- und Gefechtsfeld-Taktik. Wo eine Gefechtsidee durchgeführt wird, mag es die allereinfachste auf der Ebene sein, da muß man nur von angewandter Taktik sprechen. Etwas anderes ist es mit jenem Einüben der Formen und der Entwickelungen ohne Gefechtsidee, welche wir elementare Gefechtsübungen nennen.

werden sollte, nebeneinander hin. Dieser Vergleich wird sogleich das in dieser Periode zu erstrebende Endziel darlegen, und haben wir uns dann nur noch mit dem Wege zur Erreichung desselben zu befassen. Es versteht sich von selbst, daß wir hier nur die Durchschnittssumme der bei den Rekrutenbesichtigungen bisher gemachten Anforderungen bezeichnen. Es ist bekannt, daß der eine Kommandeur etwas weiter in dieser, der andere in jener Richtung geht, aber im Allgemeinen gestaltet sich eine Rekrutenbesichtigung bis jetzt etwa wie folgt:

Der Rekrutentrupp ist mit geöffneten Gliedern aufgestellt. — Der Kommandeur sieht die Haltung der Leute nach und läßt sich sodann die Griffe einzeln vormachen. Alsdann marschiren die Leute zweimal einzeln oder rottenweise vorbei. Endlich schließt der Trupp auf. Der Offizier, welcher den Trupp ausgebildet hat, läßt in drei Gliedern die Griffe, Wendungen, Richtung, Schließen und einige Marschbewegungen durchmachen. Hierauf formirt man zwei Glieder, und es findet die Bildung einer Feuerlinie auf der Ebene, die Prüfung der Mannschaften in Ausführung der Signale, wenn es hoch kommt, ein Schützenanlauf und die Bildung eines Knäuls statt.

Einzelne Kommandeure besichtigen auch den Anschlag und überzeugen sich, ob die Leute die befohlenen Visire richtig genommen haben.

Soweit die Besichtigung im Exerziren und zerstreuten Gefecht. — Alles dieses ist gewiß gut, und wir wissen hieran Nichts auszusetzen bis auf den Umstand, daß es bei weitem nicht genug ist.

Nicht genug, um dem Soldaten schon im Anfang seiner Dienstzeit einen Begriff von der Wichtigkeit des zerstreuten Gefechts zu geben, nicht genug, um ihn sogleich vorzubereiten zur verlangten Gefechts- und Feuerdisziplin, nicht genug, um ihn sobald als möglich in die Uebungen des Massenschützengefechts wohl vorgebildet eintreten zu lassen.

Wenn wir dabei verharren sollten, bei der Rekrutenbesichtigung nicht mehr zu verlangen, so halten wir uns eben zu lange bei der Vorrede auf, und werden unseres Bedünkens niemals auf dem direktesten Wege das Ziel erreichen.

Wenn wir nun noch hinzufügen, daß in vielen Fällen dem zerstreuten Gefecht bei den Besichtigungen der Rekruten sogar eine noch geringere Aufmerksamkeit als die oben geschilderte gewidmet wird, so kann man uns kaum bestreiten, daß dieselben den Anforderungen der Gegenwart gegenüber oft ihren Zweck durchaus nicht erreichen.

Es fällt uns nicht ein, hiermit die Personen der besichtigenden Offiziere anschuldigen zu wollen. Es liegt an dem lang hergebrachten Gange der Besichtigung, an dem in der Armee üblichen Usus, daß nicht höhere Anforderungen in der von uns angedeuteten Richtung gestellt werden.

Das Wenige, was wir an der Besichtigung der Gymnastik auszusetzen haben, besprechen wir zugleich weiter unten mit dem Thema der Ausbildung.

So lange den Kompagnien nicht eine ausreichende Zeit zur Ausbildung bis zur Vorstellung gewährt wird, so lange ist es überhaupt schwer möglich, Besichtigungen des Gefechts im Gelände in die Vorstellungen einzufügen, und doch dürfte dies nothwendig werden.

Führen wir nun an, was uns zur Besichtigung eines Rekrutentrupps im Exerziren und in Gefechtsübungen jetzt geboten erscheint.

Alle die von uns schon genannten Gegenstände der Besichtigung müssen beibehalten werden. Sie sind nöthig, um die technische Fertigkeit in der Handhabung der Waffen, die erlangte Sicherheit im Einzel- und Truppexerziren zu prüfen. — Wir wünschten aber dabei eine sorgfältige Kontrole des Anschlages, den wir nicht nur als Grundlage des richtigen Waffengebrauches, sondern auch als die der Ausbildung zum zerstreuten Gefecht betrachten.

Hierauf müßte die Prüfung des Schützendienstes folgen. Der Besichtigende prüft zuerst die Bildung einer Schützenlinie und die Bewegungen derselben, sodann läßt er in verschiedenen Formationen sammeln. Wir bemerken hierbei, daß diese Dinge nur als eine der von uns bezeichneten elementaren oder Vorübungen anzusehen sind.

Nachfolgend könnte man zu einer Gefechtsübung auf der Ebene, — denn der Exerzirplatz wird meist eine solche sein — übergehen.

Die Leute müssen nicht nur die wichtigsten Signale kennen, sie müssen auf den Wink mit dem Degen und auf die Pfeife bereits vollständig dressirt sein. Es muß jede Bewegung in der Schützenlinie mit der größten Genauigkeit, Leichtigkeit und Ruhe vor sich gehen; das Vorrücken im Schritt, wie das sprungweise, der Schützenanlauf, das Verhalten gegen Kavallerie, müssen tadellos sein. Die Feuerleitung, der Wechsel der Visire ist zu prüfen. Man wird gut thun, sich vorläufig auf den Gebrauch derselben auf die näheren Entfernungen zu beschränken.

Diese Gefechtsübung würde entweder ganz, oder nach Anordnung des Kommandeurs nur theilweise, mit Platzpatronen auszuführen sein. Nur hierbei wird man erkennen können, in wie weit schon eine Art von Feuerdisziplin in den Rekruten Platz gegriffen hat. — Das Feuer aus der Masse, das Salvenfeuer gegen Kavallerie werden ausgeführt.

Nach dieser auf der Ebene aufgeführten Uebung begiebt sich der betreffende Kommandeur in einen Abwechselung bietenden Terrainabschnitt mit dem Trupp.

Zuerst wird er am besten thun, den Trupp gruppenweise eine Stellung an irgend einem Abschnitt nehmen zu lassen, denn hier wird er am einfachsten und ruhigsten von dem Verhalten der Mannschaft und ihrer Ausbildung im kriegsgemäßen Anschlag und der Benutzung der Terraingegenstände durch den Einzelnen und den Trupp eine richtige Anschauung zu gewinnen vermögen. Das Erscheinen einzelner oder mehrerer Leute mit Flaggen auf verschiedene Entfernungen ist geeignet, die Rekruten in ihrer Kenntniß des Gebrauchs der Visire, des Schätzens der Entfernungen praktisch und auf dem kürzesten Wege zu prüfen, wozu aber durchaus nöthig ist, die Offiziere und Unteroffiziere derselben hinweg treten zu lassen und die Leute sich selbst zu überlassen. Denn wenn man auch wirklich der Ansicht ist, daß die seit einigen Jahren in der Armee eingeführte Feuerleitung und das Ansagen der zu verfeuernden Patronenzahl von Nutzen seien, so gilt es vor Allem doch, sich die Ueberzeugung zu verschaffen, ob der Mann die Grundeigenschaften eines tüchtigen Schützen schon in sich aufgenommen hat, um dereinst einmal zum selbständigen Handeln in der Schützenlinie befähigt zu sein. Wer vermöchte aber zu bezweifeln, daß auf nähere Entfernungen in heftig entbranntem Gefecht jene Sorte von Feuerleitung versagen wird, und daß die Führerverluste und manche Gefechtslagen eine selbständige Thätigkeit der Leute in den Vordergrund stellen müssen. Es ist dies ein Punkt, der besonders zu beachten ist, damit nicht unsere Leute statt Schützen einfach Schießmaschinen werden, die stille stehen, sowie der fremde, sie in Bewegung setzende Druck zu arbeiten aufhört.*)

Nunmehr erst wird der Besichtigende das gruppen- oder zugweise Vorgehen des Trupps anordnen und einen Angriff gegen einen markirten Feind ausführen lassen. Diese letzteren Uebungen werden

---

*) Vergleiche hierüber das in meiner Schrift „Die Hauptwaffe in Form und Wesen" Gesagte.

sich also zu wirklichen einfachen Gefechtsübungen gestalten, die selbstverständlich mit Patronen auszuführen wären.

Diese hier gestellten Anforderungen sind, wie wir wissen, von manchen Truppentheilen, welche so oder ähnlich verfuhren, unbeschadet einer straffen Ausbildung im Exerzirdrill erreicht worden. Der Nutzen und die gewonnene Zeit für die Lösung anderer Aufgaben, so besonders einer besseren Ausbildung der Unteroffiziere, traten in den folgenden Ausbildungsperioden augenscheinlich hervor. Wir wissen, daß diese Methode nicht zum Durchbruch kam, daß in den letzten Jahren sogar da und dort wieder noch größere Betonung auf den Drill des Einzelnen im Marschschritt, Haltung, den Griffen u. s. w. gelegt worden ist. Es wäre beklagenswerth, wenn erst der nächste Krieg uns wieder davon überzeugen müßte, daß man den Drill eben hauptsächlich in die Dinge legen muß, welche der jetzigen Fechtweise nun einmal am meisten dienen, und die ihr am unentbehrlichsten sind.

Die Aufgabe, die Massenschwärme im Ernstgefecht zu leiten, verlangt nun einmal gebieterisch, daß wir ernst die Hand an's Werk legen, und uns scheint der Weg, den jungen Soldaten sogleich mehr in diese Richtung zu leiten, ihn möglichst bald in Lagen zu bringen, welche dem Ernstgefecht am nächsten kommen, der einzig richtige, um diese schwierige Aufgabe zu lösen. —

Sehen wir nun, wie es zu bewerkstelligen ist, das oben Verlangte zu leisten.

Wenn wir nach einer Richtung hin bedeutend höhere Anforderungen stellen, so muß die Zeit zur Erfüllung derselben gewonnen, oder hinzugesetzt werden.

An der Einzelausbildung in der Stellung des Mannes, den Wendungen, den Griffen, excl. Chargirung, den Ziel- und Anschlagübungen, deren Betrieb neuerdings sehr praktisch geregelt ist, haben wir nichts auszusetzen. Die hierbei befolgte Methode läßt sich nicht leicht einfacher und zweckentsprechender denken.*) — Nicht ganz derselben Ansicht aber können wir über die Art und Weise des Erlernens des sogenannten Schulschrittes sein.

---

*) Ob an dem freihändigen Anschlag in der Stellung des Mannes selbst nicht Aenderungen eintreten könnten, ist eine Frage, welche der Erörterung und erneuter Versuche werth ist.

Derselbe trägt ohne Frage zu der militärischen Haltung des Mannes und zu der exakten Ausführung des geschlossenen Exerzirens auf dem ebenen Platze bei, aber dennoch können wir uns nicht enthalten, die Frage zu stellen, ob ein solcher Aufwand von Zeit und Kraft, wie er in der Regel dieser Uebung gewidmet wird, gerechtfertigt erscheint? —

Nehmen wir die Nothwendigkeit dieses Schulschrittes an, so müssen wir doch darauf hinweisen, daß in der Methode zur Erlernung desselben bedeutende Unregelmäßigkeiten bestehen und sehr bedeutende Umwege und Umständlichkeiten noch bei vielen Truppentheilen in Gebrauch sind.

Man braucht nämlich noch oft den „Balancirschritt" und den sogenannten langsamen Schritt. Viele erfinden auch noch besonders kunstreiche Mittelsorten dieser beiden Schrittarten. Dies geht zu weit. Der sogenannte langsame Schritt genügt vollkommen, um dem Manne das Marschiren mit gestrecktem Knie und herunter genommenen Fußspitzen beizubringen. Wir haben selbst niemals eine andere Vorübung ausführen lassen. Man kann nur die verschwendete Zeit bedauern, wenn man Truppentheile sieht, welche erst wochenlang den Balancirschritt üben, um dann im „langsamen Schritt" das zu vergessen, was sie in jenem gelernt haben.*)

Das ist nun allerdings ein „Kommißthema", werden Manche sagen. Wir geniren uns aber durchaus nicht, es zur Sprache zu bringen. Es gehört zur Ausbildung, und diese ist eben der Art zu leiten, daß die praktischsten und kürzesten Wege betreten werden, und Zeit sowohl für die Uebung der strammen geschlossenen Ordnung als auch der zerstreuten Fechtart bleibt. Der alte Truppenoffizier wird uns hier vielleicht am meisten verstehen. —

Das Pensum, welches zu verarbeiten ist, hat einen so bedeutenden Umfang für die Infanterie gewonnen und ist neuerdings noch durch die Ausbildung der Ersatzreserven so ungemein vermehrt worden, daß das Verlangte in manchen Garnisonen wirklich nur mit Aufbietung aller Kräfte erreicht werden kann — daher um so mehr der Hinweis auf den kürzesten Weg geboten ist. —

---

*) Wenn man einzig und allein von dem Standpunkt ausgeht, durch den Marschschritt möglichst viel Terrain zu gewinnen, so müßte man das Bein aus der Hüfte vorbringen lassen, den Fuß ganz platt aufsetzen und das Knie nicht durchdrücken lassen.

Die Zerlegung der Chargirung in 11 bis 12 Griffe nach Zählen, wie sie noch hier und dort bei der Rekrutenausbildung üblich ist, bleibt eine wahrhaft peinliche Uebertreibung und sollte unter Hinweis auf das Reglement, das nur eine Zerlegung in vier Tempos behufs Erlernung kennt, überall energisch verboten werden.

Auch wird noch immer vielfach darin gefehlt, daß man dem Rekruten nicht, sobald man ihm das Gewehr in die Hand giebt, die Mechanik des Ladens, Spannens, Abdrückens in der Weise klar macht und beibringt, wie es der Förster mit dem Jägerburschen thut. Der Mann erhält hierdurch sogleich einen Begriff von der Sache selbst und der späteren tempomäßigen Erlernung der Chargirung thut dies keinen Eintrag.

Alle diese Uebelstände sind Anklänge aus der Zeit, in welcher die Ausbildung des Soldaten hauptsächlich auf den korrekten Gebrauch der Waffen in der Massenordnung gerichtet war.

Wenn es sehr unrichtig wäre, vor der Zeit in Gliedern oder gar im Trupp Griffe oder Bewegungen zu exerziren, so ist nicht dasselbe mit der Aufstellung des Trupps, mit Richtung, Vordermann und richtigem Gliederabstand der Fall. Auch diese Uebung muß von den ersten Tagen der Ausbildung an beginnen. Sehr oft ist zu bemerken, daß die Rekruten 6 bis 8 Wochen einzeln exerzirt haben, und daß der Trupp noch nicht im Stande ist, sich auch nur annähernd richtig aufzustellen, daß noch nicht ein einziger Mann eine Ahnung davon hat, was es heißt, sich auszurichten und den Vordermann zu nehmen. Wie wir überhaupt den größten Nutzen darin erblicken, das Verständniß des Mannes für Alles, was er thut, nach Möglichkeit herzustellen, so auch hierin. Im Anfang der Ausbildung hierin begangene Fehler sind im Laufe des Uebungsjahres gar nicht wieder gut zu machen, sie treten immer wieder hervor, erzeugen ewige Rügen, machen den Dienst im höchsten Grade langweilig und können doch nicht mehr ganz abgestellt werden. Solche Dienstgegenstände sind vor Allem die Stellung auf Vordermann und die Richtung, was aber zum größten Theil nur darin liegt, daß man versäumt, schon in der Rekrutenzeit dem Manne den nöthigen Begriff hiervon beizubringen. Auch hierin muß Selbstthätigkeit walten; die Leute müssen gewöhnt werden, **sich selbst auszurichten, nicht stets von dem Vorgesetzten ausgerichtet zu werden.**

Das Exerziren im Trupp muß mit voller Genauigkeit und mit der Anspannung erfolgen, die bisher in der preußischen Armee üblich war.

Man kann hierin gar nicht zu viel thun. Auch die Genauigkeit und Peinlichkeit im Tragen des Gewehrs und in Ausführung der Griffe ist nothwendig beizubehalten.*)

Dennoch aber bleibt immer die Art und Weise, wie die Truppe die Griffe ausführt, wie sie ihre Bewegungen macht, ob mit Frische, Munterkeit und Anspannung, die Hauptsache. Niemals dürfen schlaffes Wesen, gelockerte Glieder in unserer Armee Mode werden.

Ein starkes Band der Disziplin, der wir in jeder Richtung mehr als je bedürfen, würde im entgegengesetzten Falle zerreißen.

Das Verfeuern von Platzpatronen durch einzelne Rekruten muß schon nach den ersten vier Wochen der Ausbildung erfolgen, und bis zur Vorstellung, welche wir 10 bis 11 Wochen nach dem Eintritt der Rekruten vornehmen, müssen die Leute das Salvenfeuer mit Platzpatronen aus dem Trupp mehrmals ausgeführt haben. So werden sie gelehrt, schon im Anfang ihrer Dienstzeit die Unruhe, welche sogar die Platzpatrone im Laufe bei Manchen erzeugt, zu überwinden, und das Prinzip, auf welches die Ausbildung eben mit allen Segeln hinsteuern muß, wird ihnen frühzeitig klar und faßlich durch die Praxis vor Augen gestellt. Die Ruhe, die Sicherheit im Handhaben des geladenen Gewehrs wird ihnen bald zur zweiten Natur.

Soweit gehen unsere Wünsche in Betreff der Ausbildung im Exerziren.

Noch aber haben wir die allerwichtigste Seite der ganzen Ausbildung, das Schützengefecht, nicht besprochen. —

Das Schützengefecht basirt, wie Niemand bestreiten wird, hauptsächlich auf dem Einzelkampf, d. h. auf der Selbstthätigkeit des einzelnen Infanteristen im Gefecht.

Es ist also die natürlichste Kampfform, diejenige, zu welcher an und für sich der Mann am leichtesten anzulernen ist. Der Ur-

---

*) Unbedingt aber könnte eine reglementarische Vereinfachung der Griffe eintreten. Dagegen können wir es nur beklagen, wenn unsere Gewehrläufe wirklich zu weich sind, um das Aufpflanzen des Seitengewehrs ohne Schaden bei den Uebungen nicht auszuhalten. Es ist durchaus nothwendig, daß der Mann sich auf nahe Entfernungen vom Feinde an den Gebrauch des Gewehrs mit aufgepflanztem Seitengewehr gewöhne.

sprung desselben in der neueren Kriegsgeschichte, die Kampfweise der französischen Revolutionsarmee, sowie die Kämpfe verschiedener Volks= bewaffnungen weisen darauf hin. Nun hat allerdings das jetzige Feuergefecht in großen aufgelösten Massen eine Ausdehnung an= genommen, welche die Leitung sehr erschwert und doch zugleich fordert, daß die Mannschaft weit mehr der Schulung bedarf, um die Selbstthätig= keit der Einzelnen zu einem Ganzen zusammenfassen, den Schützen= schwarm sich bewegen, feuern, das Gelände benutzen zu lehren.

Um so mehr müssen wir die natürliche Anlage, die jeder Mensch zum Einzelkampf in sich trägt — als des Ausgangspunktes des Schützengefechtes — von Beginn der Ausbildung an pflegen.

Wenn wir wochenlang erst mit dem einzelnen Mann, dann mit den Trupps nichts anfangen, wie ihn zu exerziren, ihn lehren nach den strengsten Kommandos das ausführen, was ihm befohlen wird, so unterdrücken wir, indem wir ihm allerdings andere nothwendige Sachen beibringen, doch zugleich die natürliche Anlage zum Einzel= gefecht, die dem Manne innewohnt. Wir weichen vom direkten Wege ab, indem wir nur das betreiben, was zum geschlossenen Exerziren dient, und bringen dem Manne auf diese Weise sofort ein unrichtiges Bild von der Bedeutung des geschlossenen und zerstreuten Gefechts bei.

Wenn man nun aber im Gegensatz zu obigem Verfahren die natürliche Anlage des Mannes zum Einzelkampf sogleich verwerthet, gewinnt er zugleich einen richtigen Begriff von der überwiegenden Wichtigkeit des zerstreuten Gefechts. Ein wochen=, ja monatelanges Versäumen dieses Grundsatzes wirft den Mann in eine ganz andere Richtung. Man hat in diesem Falle, wie wohl allgemein bekannt, große Mühe, ihn nunmehr mit den allerersten Anforderungen des zer= streuten Gefechts bekannt zu machen, ihm zu sagen, daß er jetzt eine Menge Dinge nicht nach Kommando und Zählen ausführen müsse, mit einem Wort, ihm die Steifigkeit und den Zwang wieder aus den Gliedern zu treiben, die im geschlossenen Trupp freilich unent= behrlich, im zerstreuten Gefecht aber vom Uebel sind.

Wir wollen nun gerade nicht sagen, daß nicht in manchen Truppentheilen bei der Rekrutenausbildung schon dem Schützen= gefecht größere Aufmerksamkeit geschenkt würde (gemäß § 13 des Reglements), daß dies aber in der Armee sehr verschieden ist, wissen wir auch.

Im Allgemeinen kann man behaupten, daß in diesem Stadium der Ausbildung viel zu wenig für das zerstreute Gefecht geschieht.

Wir stellen erneut den Grundsatz auf, daß vom ersten Tage der Einstellung ab die Rekruten das zerstreute Gefecht üben müssen.

Hierunter verstehen wir nun freilich in den ersten Tagen nicht sofort die Ausführung aller möglichen Bewegungen, sondern die Feststellung der einfachsten Begriffe durch die Uebung des Ausschwärmens und des Sammelns.

Wir halten den Weg, den Mann sogleich in ein Abwechselung bietendes Gelände zu bringen und ihm zu zeigen, wie er dies zu benutzen hat, nicht für den richtigen. Die einfachste Form ist das Erste, was er lernen muß. Das einfachste Gelände ist aber der ebene Exerzirplatz, und da man mit dem Einfachsten überhaupt überall seinen Unterricht zu beginnen pflegt, so sehen wir in der That keinen Grund, im Schützengefecht davon abzugehen.

Folglich übe man in den ersten Tagen auf dem ebenen Exerzirplatz die Formen desselben, denn diese sind auf der Ebene auch eben die Sache selbst. Wir würden zu weitläufig werden, wenn wir hier genaueren Rath ertheilen wollten, was für Formen das sind und wie in Erlernung derselben vorwärts gegangen wird. Das aber wollen wir bemerken, daß es ganz unrichtig erscheint, die Einübung der Mechanik der Bewegung der Schützenlinien über die Achsel anzusehen. Noch beim Bataillons- und Regiments-Exerziren kann man an dem schwankenden Vorgehen der Schützenlinien oft erkennen, wo und wie die Grundlagen der Bewegungen vernachlässigt worden sind.

Diese Uebung braucht in den ersten 8 bis 10 Tagen nur eine einzige Viertelstunde täglich zu dauern. Es ist dies vollkommen genug, um dem Manne die einfachsten Bewegungen in der Schützenlinie, die kürzeste Bildung derselben nach vorwärts, auf der Grundlinie, in schräger Front u. s. w. spielend beizubringen.

Das Gewehr nehmen die Leute noch nicht in die Hand. Da sie noch nichts vom Laden und Anschlag verstehen, würde das eine unnütze Spielerei sein. Dagegen ist ihnen der Zweck der Bildung einer Schützenlinie, der Unterschied zwischen geschlossener und zerstreuter Ordnung sogleich durch eine kurze Unterweisung während der Uebung klar zu machen.

Zu gleicher Zeit mit diesen Uebungen wird nach der jetzt bestehenden durchaus praktischen Methode der Anschlag und das Zielen gelehrt. Wir müssen hierbei darauf aufmerksam machen, daß man mit diesem Gegenstande sich sogleich zu beschäftigen ganz wohl für statthaft hält, dagegen das zerstreute Gefecht noch so oft und so lange vernachlässigt. Dies ist ein Widerspruch in der Ausbildung.

Die Benutzung der Waffe in demselben muß sich nun aus dem Anschlage logisch entwickeln, sich an die verschiedenen Arten desselben anschließen.*)

Die ersten Uebungen können ebenfalls ganz wohl auf dem Exerzirplatz stattfinden, auf dem man leicht einige Vorrichtungen, wie Schützengräben u. a. m., treffen kann.

Nach 8 bis 10 Tagen sucht man sich ein etwas mehr Abwechselung bietendes Gelände auf und lehrt nunmehr zuerst den Einzelnen, was er davon zu wissen nöthig hat, also die praktische Benutzung von Dämmen, Mauern, Bäumen, Vertiefungen. Sodann erfolgt die Benutzung von dergleichen Gegenständen durch Gruppen. Hierbei ist vor Allem wichtig, dem Manne einzuprägen, daß eine Deckung **werthlos** ist, von welcher er kein Schußfeld hat. Es wird in vielen Fällen in diesem Stadium noch gar nicht nöthig sein, sich weit vom Exerzirplatz zu entfernen, denn fast überall findet man einzelne zur Benutzung brauchbare Gegenstände. Sind jedoch weitere Ausflüge geboten, so mache man sie nur alle 2 bis 3 Tage in der Woche, übe aber jeden Tag das Schützengefecht auf dem Exerzirplatz mit und ohne Signale, auf Pfiff und Kommando in Gruppen und zusammenhängenden Linien.

Das sprungweise Vorrücken muß die Regel sein, indeß ist auch das Vorgehen im Schritt Gegenstand der Uebung. — Die Mannschaften müssen gewöhnt werden, auf den Gebrauch der Pfeife und auf das Winken mit dem Säbel seitens der Offiziere blitzschnell zu achten.

Wenn man daher einerseits dem Manne sofort einen Begriff von der Selbstthätigkeit der Schützen beibringt, so ist es nicht minder wichtig, ihm klar zu machen, daß diese Selbstthätigkeit auch in der Schützenlinie nur wirksam ist, bei strenger Unterordnung und Anschluß an die Kameraden, bei Aufmerksamkeit auf das Signal und den Führer.

Bei diesen Uebungen ist auch nach den ersten 8 Tagen schon mit dem Schätzen der Entfernungen zu beginnen. Diese wichtige Uebung wird bei Rekruten noch immer sehr vernachlässigt und auch)

---

*) Wir führen dies nicht weiter aus, da wir hiervon inzwischen in unserer Ergänzungsschrift „Die Hauptwaffe in Form und Wesen" gesprochen haben.

bei den alten Leuten oft unzureichend geübt. Und doch kann man es hierin so ungemein weit bringen, wenn das Auge des Mannes von Anfang an im Auffassen einzelner besonders wichtiger Entfernungen systematisch geübt wird. Ueber die Wichtigkeit der Sache verlieren wir kein Wort.

So geht man schrittweise vor, indem man täglich eine halbe, in den letzten 14 Tagen der Ausbildung vielleicht 1—1½ Stunden durchschnittlich, der zerstreuten Fechtart widmet.

Sobald die Einzelnausbildung im Gewehrexerziren so weit vorgeschritten ist, daß die Leute, wie oben angegeben, einzeln mit Platzpatronen gefeuert und einmal oder zweimal im Trupp dasselbe gethan haben, verwendet man auch im Schützengefecht hin und wieder Platzpatronen.

In den letzten 14 Tagen bildet man aus alten Mannschaften einen markirten Feind, gewöhnt die Leute auf diesen zu zielen, indem man dabei die Entfernungen schätzt, die Aufmerksamkeit durch das plötzliche Erscheinen markirter Trupps prüft, genug, die Uebungen ausführt, die man jetzt etwa nach der Bataillonsvorstellung, also bei Beginn der sogenannten eigentlichen Felddienstperiode für angemessen hält.

Wir glauben, man wird zugestehen, daß auf diese Weise im Schützengefecht ein ganz anderes Ergebniß schon bei der Rekrutenvorstellung, falls nämlich der Besichtigende sie so einrichtet, wie wir es vorgeschlagen haben, zu erzielen sein würde, als jetzt.

Und die zerstreute Fechtart ist es ja doch, welche in unseren dienstlichen Vorschriften als die maßgebende, als die hauptsächlich zur Entscheidung und Durchführung der Kämpfe gebrauchte, bezeichnet wird.

Aber, wird man vielleicht einwenden, auch nur im zerstreuten Gefecht wird ein solches Resultat erzielt werden. Die anderen Dienstzweige werden leiden unter dieser hastigen Ausbildung, welche die Gründlichkeit im Exerzitium und in der übrigen Detailausbildung vernichten muß.

Hiergegen ist zu erwidern, daß wir durchschnittlich nur ½ Stunde täglich für das Schützengefecht während der Rekrutenausbildung beanspruchen, aber allerdings von Anfang der Ausbildung an; daß wir ferner gezeigt zu haben glauben, wie sich durch einfachere Methoden bei Erlernung des Schulschritts und der Griffe, sowie durch die Abschaffung der dreigliedrigen Aufstellung doch mehrfach Zeit einbringen ließe.

Im Uebrigen brauchen die Kompagniechefs, welche ihre Leute das erste Mal nach 4—5 wöchentlicher Ausbildung in der zerstreuten Fechtart schulen, nachher desto mehr Zeit und Anstrengung, um ihnen auch nur die ersten Begriffe von diesem wichtigen Dienstzweig beizubringen. — Sei dem aber wie dem wolle, die Kampfesform, in der wir unsere Schlachten schlagen, kann es beanspruchen, daß ihr auch schon in der ersten Ausbildungsperiode immer die ersten Plätze eingeräumt, daß sie nicht während dieser Zeit als Aschenbrödel behandelt werde, dem eben gerade noch ein Platz im Winkel vergönnt und da so beiläufig ein Blick geschenkt wird.

Endlich erwidern wir, daß über die Zulässigkeit einer solchen Ausbildung nur die Erfahrung entscheiden kann, und zwar nicht die von einem, sondern von mindestens zwei Jahren. Nun, wir wenigstens haben diese Erfahrung gemacht, da wir Kompagnien in unserer Dienstzeit kennen gelernt haben, welche nach diesen Grundsätzen verfuhren, und welche im geschlossenen Exerziren dasselbe, im zerstreuten Gefecht aber unendlich mehr, als die anderen leisteten.

Freilich, dieser letzte Umstand wurde von manchem Vorgesetzten übersehen, und der betreffende Kompagniechef mußte sich dann mit dem Bewußtsein genügen lassen, daß in der That Vieles in seiner Kompagnie steckte, was für das Gefecht ganz besonders werthvoll war.

Wenn man fortwährend erhöhte Gefechts- und Feuerdisziplin verlangt, muß man das Ding auch wirklich kräftig angreifen und sich zugestehen, daß man sich zu lange mit der Einleitung befaßt. Es kommt uns dies gerade so vor, als wenn ein Student, der schlagen lernen will, sich ein ganzes Vierteljahr damit beschäftigen wollte, Lufthiebe zu machen.

Frisch drau gegriffen an die Dinge, welche in Frage stehen. Man versuche es einmal probeweise mit einem so ausgebildeten Bataillon. Man wird sich überzeugen, daß das Betreiben der zerstreuten Fechtart vom ersten Moment der Ausbildung ab nicht nur nicht schädlich, sondern höchst segensreich und anregend wirkt.

Wir haben weiter zu betrachten den Betrieb der Gymnastik und des Unterrichts in der Rekrutenausbildungsperiode.

Die Gymnastik ist meist nur Mittel zum Zweck, wie schon oben erwähnt.

Das heißt also, sie übt und stählt die physischen Kräfte des Mannes.

Hierdurch wird ihm erstens die Ertragung von Mühseligkeiten, die Ueberwindung von Terrainschwierigkeiten erleichtert, zweitens aber wirkt das Zutrauen, welches der Mann zu seiner Leistungsfähigkeit faßt, sowie auch die im Allgemeinen durch die Uebungen erzeugte Kräftigung der Glieder günstig auf das Nervensystem ein, wodurch wieder der Muth und die Kaltblütigkeit eine mächtige Hülfe finden.

Die Freiübungen, aber auch die meisten Rüstübungen, haben nur eine mittelbare Einwirkung auf die militärische Ausbildung des Mannes. Nur einige Uebungen im Nehmen von Hindernissen aller Art — also der Weitsprung, Hochsprung und das Ueberklettern — sind für die kriegerische Thätigkeit von unmittelbarem Nutzen. Der Beweis hierfür liegt auf der Hand.

Aber auch das Bajonettfechten nähert sich dem militärischen Zweck direkter.

Wenn auch in den heutigen Gefechten in der That der Gebrauch des Bajonetts zu den größten Seltenheiten gehört, so ist das Bewußtsein des Mannes, daß er sein Bajonett im Nothfalle Mann gegen Mann handhaben kann, daß er sich sicher im Gebrauch der blanken Waffe fühlt, ein ganz entschiedener Faktor für den Angriffsgeist. <u>Das Bajonettfechten stärkt übrigens mehr als jede andere Gymnastik die Nerven und hierdurch die Entschlußkraft des Mannes</u>, weckt den physischen Muth und befördert die Beweglichkeit der Muskeln. Das eigentliche Turnen hat seit zwanzig Jahren in der Armee einen mächtigen Aufschwung genommen. Es wird wirklich in diesem Dienstzweige ungemein Großes geleistet, und es giebt Kompagnien, die wahre Kautschukmänner ausbilden. Es mag da oder dort schlechter oder besser sein, im Allgemeinen aber sind die Rüstübungen in den letzten Jahrzehnten trotz aller Kriege bewunderungswürdig vorgeschritten. Wir möchten nun darauf aufmerksam machen, daß es dem militärischen Zweck genau entspricht, vorzüglich diejenigen Uebungen zu pflegen, deren direkter Nutzen, wie oben ausgeführt, ein unverkennbarer ist. Man kann nicht behaupten, daß dies im Ganzen und Großen geschieht. Während die Uebungen am Sprungkasten und am Querbaum den Glanzpunkt unserer Vorführungen im Turnen bilden, sollte es der Weitsprung mit und ohne Gewehr, das Ueberklettern der Palissaden sein. — Wir wissen sehr wohl, daß die Ausbildung in den Rüstübungen sehr viel Gutes hat, aber wir glauben, daß man sich hier allenfalls mit Geringerem begnügen und auf die eigentlichen kriegerischen Uebungen mehr sein Augenmerk richten müßte.*)

Was aber nun den Betrieb des Bajonettfechtens anbelangt, so sieht es, wenige Truppentheile abgerechnet, damit immer noch sehr mangelhaft aus. — Der Hauptfehler, der hier gemacht wird, ist, daß man viel zu spät zum Kontrafechten übergeht. — Auch das Reglement von 1861 fehlte darin, indem es andeutete, daß das Kontrafechten in der Regel erst von Leuten des 2. Jahrganges begonnen werden solle.

Wenn man ein ganzes Jahr lang die Leute nur in die Luft oder höchstens nach Kommando kontra stoßen läßt, dann geht Liebe und Lust zur Sache verloren. Schon die Rekruten müssen mit dem Schulkontrafechten beginnen, und muß der Besichtigende sich davon überzeugen, ob sie die einfachsten Stöße und Deckungen gegeneinander ausführen können. Hierdurch wird Anregung gegeben und das Interesse erhalten. —

Auch geht man beim Kontrafechten sehr oft viel zu früh zu den Bewegungen über, während man gerade im Anfang darauf halten sollte, daß der Mann auf der Stelle ficht, um pariren zu lernen. Ist das Fechten ein oder zwei Jahre in dieser Weise betrieben, so lehrt ein Jahrgang den anderen fechten, und man kann, trotz des jetzigen Mangels an Unteroffizieren, sehr gute Resultate erzielen. Durch die neuesten Vorschriften ist auch hierin der Weg richtiger vorgezeichnet, dennoch aber sind die erreichten Resultate noch immer sehr mangelhaft.

Aus diesen Andeutungen wird man zur Genüge gesehen haben, was wir bei Ausbildung und Besichtigung in der Gymnastik in jeder Hinsicht wünschenswerth halten.

Schließlich erwähnen wir noch, daß wir uns der landläufigen Behauptung, die Gymnastik fördere die Disziplin, in keiner Weise

---

*) Ich habe diesen Passus hier unverändert wie in der I. Auflage stehen lassen, obwohl inzwischen der Sprungkasten, wenn auch nur vorläufig, abgeschafft und auf die Wichtigkeit der unmittelbaren Uebungen wie Leiterersteigungen, Ueberschreiten von Gräben u. s. w. seitens des Kriegsministeriums hingewiesen worden ist, und zwar deshalb, weil gerade wegen dieser Sätze von Seiten eifriger Turnfreunde recht heftige Angriffe gegen mich gerichtet wurden. Sie mögen im Hinblick auf die neuesten hierüber erlassenen Verfügungen sehen, daß die hier vertretene Ansicht sich Freunde gewonnen hat.

anschließen können. Wenn Jemand auch seine Glieder in der Gewalt hat, so kann diese Eigenschaft speziell die Unterordnung doch nicht gerade fördern.

Man könnte fast behaupten, daß der Mann sich eher bei schwierigen Uebungen an das Versagen gewöhnte. Denn wie oft bleiben verlangte Uebungen bei wenig geschickten Leuten unausgeführt! Deshalb ist es auch stets nöthig, beim Betrieb der Gymnastik als Gegengewicht auf militärischen Anstand, Haltung und Ordnung zu halten.

Die Gymnastik lehrt den Vorgesetzten den Charakter und die Eigenschaften der Leute kennen, bringt sie in nahe persönliche Berührung und wirkt somit auf weitem Felde vortheilhaft — wenn auch nicht gerade direkt zur Förderung der Disziplin.

Die Disziplin selbst wird erzeugt durch eine verständige Unterweisung, durch strenge aber gerechte Behandlung, durch die stramme Art und Weise des Exerzirens und durch das moralische Uebergewicht der Führer.

———

Der Unterricht (Instruktion) hat sich freilich in den letzten zehn Jahren von manchem Unnützen und Schematischen befreit, das wir in einer langen Friedenszeit aufgespeichert hatten und das vor dem Ernste des Krieges verschwand.

Dennoch aber werden in vielen Truppentheilen dem Rekruten noch immer eine Menge Dinge in den Kopf gepfropft, die eigentlich, ihres ganz gewöhnlichen praktischen Inhalts wegen, in den theoretischen Unterricht gar nicht unbedingt gehören und ihm das Erfassen seiner eigentlichen Aufgabe erschweren. Andererseits fehlen einige Abschnitte, die uns in der jetzigen Zeit ganz unerläßlich scheinen. Die Art und Weise des Unterrichts hat auch verloren durch die offenbaren Rückschritte des Unteroffizierkorps, welches oft nicht nur selbst des Themas nicht gehörig Herr ist, sondern auch häufig einer verständlichen Ausdrucksweise und der Lehrgewandtheit fast gänzlich entbehrt. In Anbetracht dessen ist es oft den Kompagnien nicht möglich, auch wenn sie wollen, eine den Verstand erweckende Lehrmethode zu befolgen, sondern man begnügt sich mit einem sehr mechanischen Einpauken von Fragen und Antworten.

Eine Reform unseres Unterrichts also erscheint uns in zweierlei Richtungen erwünscht:

1) in Bezug auf den Gegenstand, durch Hinzusetzen einiger Themas und Verkürzen anderer;
2) in Bezug auf die Art und Weise, auf die Lehrmethode und die Lehrer selbst. —

Ad 1 machen wir den Vorschlag, eine Stunde in der Woche zum Unterricht in der vaterländischen Geschichte zu verwenden. Das Thema wäre in passender, faßlicher Weise durch einen **älteren Offizier** zum Vortrag zu bringen.

König Friedrich, die Freiheitskriege und die Wiederaufrichtung des deutschen Reiches von 1864—1871 müßten Gegenstand dieses Unterrichts sein.

Die **Mangelhaftigkeit** unseres Volksunterrichts, besonders in den östlichen Provinzen, und das Uebelwollen, welches die von gewissen Schulinspektoren beherrschten Lehrer in den verschiedensten Gegenden Deutschlands gerade diesen Perioden häufig zeigen, läßt hierin eine gewaltige Lücke in der Erziehung unserer Jugend.

Das Offizierkorps müßte nachholen, was der Schulmann in den Volksschulen versäumt. Dies ist besonders wichtig in einer Zeit, welche uns einerseits durch die verführerischen Lehren und Theorien, die man der ungebildeten Masse vor Augen stellen kann, andererseits vielleicht auch durch Anschürung des religiösen Fanatismus, unter Umständen mit einer Lockerung der Disziplin wenigstens in Reserve und Landwehren bedrohen könnte, wenn wir nicht die Augen offen halten und durch das, was wir dem Manne in der Armee sagen, ein vollgültiges Gegengewicht liefern.

Hieran anschließen muß sich die gründliche Belehrung des Mannes über seine Pflichten gegen den Monarchen und sein Vaterland, die Belehrung über den militärischen Geist und die militärische Ehre wie die Geschichte des Regiments.

In der Instruktion über die Bestimmung des Soldaten müßte nicht nur vom äußern Krieg die Rede sein. Es müßte nachdrücklich darauf hingewiesen werden, daß das Heer auch das Schwert des Gesetzes ist. Die Gründe hierfür liegen nahe.

Hoffentlich braucht es zur Durchführung dieser Aufgabe nicht der Waffen, sondern nur der Regung der Vaterlandsliebe, des militärischen Geistes und der Achtung vor dem Gesetz bei den jungen Leuten, welche die Armee in Ausübung ihrer Pflicht passiren.

Manchem vielleicht möchte es scheinen, als ob wir hiermit die Armee zu einer Parteischule machen wollten. Mag sein, aber doch nur zu einer solchen, wo man Liebe zum deutschen Kaiserhause und zum Vaterlande lernt. Es gilt jetzt größere Anstrengungen, andere Mittel. Wir wollen die bessere Auseinandersetzung der Pflichten, in denen der Soldat bisher schon unterwiesen wird, der Liebe zum König und Vaterland, zum Kaiser und Reich, eine stärkere Betonung des deutsch-nationalen Standpunktes, unserer jetzigen Entwickelung entsprechend — und des Bewußtseins, daß der Soldat sowohl zur Vertheidigung des Landes als auch zur Aufrechthaltung des Gesetzes unter Waffen steht.

Ferner muß man, nachdem der Rekrut einige Wochen bei der Fahne sich befindet, mit der Instruktion über die zerstreute Fechtart, welche er ja — unseren obigen Auseinandersetzungen gemäß — schon vom ersten Tage seiner Ausbildung an praktisch übt, beginnen und dabei eine gründliche Auseinandersetzung über das Ernstgefecht, nicht nur über die Formen desselben und die Terrainbenutzung angeschlossen werden.

Gerade diese Unterweisung über den Charakter eines heutigen Infanteriekampfes, über die wechselnden Eindrücke desselben, über einzelne einfache zu befolgende Regeln, über das Verhalten des Einzelnen im Gefecht, Unterordnung unter fremde Führer im Falle des Abkommens von den eigenen, Wiederanschluß an die Truppe gehört in den theoretischen Unterricht. **Die Formen und die Terrainbenutzung lernt der Mann praktisch**, und die kann man daher viel eher im Stubenunterricht entbehren.

Der Mann muß eine Unterweisung erhalten, was er in den zwar wechselnden, aber sich doch immer wiederholenden Fällen eines Ernstgefechts zu thun hat. Unsere bisherigen Unterrichtsbücher fertigen die Instruktion über das Gefecht mit drei Zeilen ab, indem sie einige Bemerkungen machen, die sich hauptsächlich auf das geschlossene Gefecht beziehen.

Wir schalten hier eine Instruktion über das Ernstgefecht ein.*) In einzelnen Sätzen haben wir uns bemüht, das, was der gemeine

---

*) Es ist übrigens zu bemerken, daß in neuester Zeit mehrere Instruktionsbücher ihren Stoff mehr nach unseren Vorschlägen eingetheilt, beziglich ihn vermehrt und vermindert haben, so z. B. das von Köhler.

Soldat vom Gefecht zu wissen nöthig hat, für sein Fassungsvermögen möglichst greifbar zusammenzustellen.

1) **Die Infanterie kämpft hauptsächlich in zerstreuter Ordnung.** — Die geschlossene Ordnung dient gewöhnlich nur zum Anmarsch in das Gefecht. Auch wird sie in einzelnen Fällen z. B. bei Nacht, bei Ueberraschungen, im Gefecht selbst angewendet werden. Jedoch sind dies Ausnahmefälle.

2) Beim Beginn **jedes ernsten Gefechts** werden also sogleich viele Schützen ausgeschwärmt sein, ob man nun in der Vertheidigung oder im Angriff ist.

3) Der Soldat denke in jedem, auch im gefährlichsten Moment des Gefechts vor Allem daran, daß jedes Zeichen von Schwäche schimpflich und erniedrigend ist.

4) Der Soldat muß sich fest einprägen, daß das Feuer auf weite Entfernungen nur selten großen Schaden macht und nur zufällig da und dort starke Verluste eintreten.

5) Aus demselben Grund darf auf weitere Entfernungen (über 400 Meter), besonders beim Angriff, **absolut nicht geschossen werden**, es sei denn auf ausdrücklichen Befehl.

6) Kein Soldat kann allein etwas Bedeutendes im Gefecht ausrichten, die **Aufmerksamkeit auf die Führer**, welche die Linie und die Gruppen leiten, muß daher äußerst angespannt sein.

7) Entwickelt sich ein stehendes Feuergefecht, so muß der Mann besonders daran denken, das richtige Visir zu nehmen, besonders, da in vielen Fällen Offiziere und Unteroffiziere außer Gefecht gesetzt sind, und die Leitung des Feuers durch dieselben somit aufhört.

Der Schütze muß danach streben in die vorderste Linie zu kommen und darf niemals sein Feuer von hinten an vor ihm liegenden, oder stehenden Kameraden vorbei abgeben.

8) Streng **verboten** ist es, sich um Fallende, Todte oder Verwundete, zu bekümmern. Man thut am besten, den Blick auf diesen gar nicht verweilen zu lassen.

9) Werden Gefangene gemacht, so befassen sich nur diejenigen Leute mit ihrem Transport, die von dem befehligenden Offizier den Auftrag dazu erhalten.

10) Jeder Soldat muß danach streben, mit seiner Gruppe, seinem Zuge, mit seinen Kameraden während des Gefechts zusammen

zu bleiben. Kommt Jemand ohne seine Schuld von seiner Kompagnie ab, so schließt er sich dem nächstfechtenden Truppentheil sofort an, stellt sich unter den Befehl des dort kommandirenden Offiziers oder Unteroffiziers und gehorcht diesen wie seinen eigenen direkten Vorgesetzten auf das pünktlichste.

11) Beim Vorgehen darf Niemand stutzen oder halten, das Feuer des Feindes sei noch so heftig, die Verluste noch so groß. — Nur wenn der Offizier „Halt" kommandiren sollte, wird Halt gemacht und sofort Stellung genommen.

12) Wird ein Anlauf gemacht, muß derselbe unaufhaltsam bis an den Feind fortgesetzt werden. Geschieht dies nicht und laufen die angreifenden Schützen zurück, so sind sie so gut wie todt, weil sie im furchtbaren Feuer die Strecke noch einmal wieder zurücklegen müssen.

13) Ein wirklich bis an den Feind mit aller Entschlossenheit herangeführter Anlauf wird stets gelingen.

14) Macht der Feind während eines Gefechts einen entschlossenen Vorstoß, so heißt es vor Allem, sich nicht einschüchtern zu lassen. Verlieren einige Leute den Muth und laufen fort, so müssen sie sofort von den Kameraden selbst wieder vorgebracht und aufgemuntert werden.

15) Der Soldat sehe vor Allem in jedem Moment, der ihm gefährlich dünkt, auf seinen Führer, denn dieser muß befehlen, was zu thun ist.

16) Entweder wird nun der Vorstoß des Feindes mit vernichtendem Feuer empfangen, oder man geht ihm sogleich mit Hurrah entgegen.

17) Ist das Feuer so stark, daß man den Befehl der Offiziere nicht verstehen kann, so sehe man auf ihre Winke mit dem Degen und auf das, was sie persönlich thun.

18) Hat man den Feind aus einer Stellung geworfen, so darf der Einzelne nicht nachstürmen, sondern muß den Befehl des Führers abwarten und inzwischen dem Feinde nachfeuern.

19) In der Vertheidigung muß man den festen Willen haben, nicht von dem Platze zu weichen, den man halten soll.

20) Auch in der Vertheidigung darf in der Regel nur auf kurze Entfernungen (400 Meter) geschossen werden. Auf weitere Entfernungen werden hierzu Befehle ertheilt.

21) Das Signal oder der Befehl bezeichnet den Anfang des Feuers.

22) Von dem Geschrei und dem etwaigen nahen Herandrängen des Feindes lasse man sich nicht einschüchtern.

23) Jeder bleibt liegen, hört auf die gegebenen Befehle und feuert ruhig weiter.

24) Der Feind wird ein heftiges Feuer auf kurze Entfernungen in der Regel nicht aushalten und werden die feindlichen Schützen und Unterstützungstrupps zurücklaufen.

25) Sollte der Feind jedoch wirklich nahe herankommen, so wird das Bajonett entscheiden und muß der feste Wille obwalten, es auch im Handgemenge mit dem Feinde aufzunehmen.

26) Nur auf bestimmten Befehl darf eine Stellung geräumt werden.

27) Fallen die Offiziere und auch die Unteroffiziere einer Abtheilung, so muß jeder ehrliebende Soldat danach streben, sie zu ersetzen. Es nehmen die Aeltesten, Geschicktesten und Tapfersten sogleich das Kommando und führen ihre Kameraden weiter im Gefecht.

28) Ist ein Gefecht beendigt, so hat jeder etwa von der Truppe abgekommene Soldat dieselbe wieder sogleich aufzusuchen. Hat er bei einer fremden Truppe mitgekämpft, so muß er sich diese genau merken, um Zeugen für sein Verhalten aufrufen zu können. Ein Soldat, der hinter der Gefechtslinie zurückbleibt, ist ein ehrloser Feigling. Deshalb muß sich jeder, der nicht in diesen Verdacht kommen will, über seinen Verbleib genau ausweisen können. Wer aus dem Gefecht flieht und die Kameraden dazu verleitet, wird von dem nächsten Vorgesetzten sofort niedergestoßen.

Alle diese Unterweisungen können aber dem Soldaten nicht durch Unteroffiziere beigebracht werden, sondern es müssen die älteren Offiziere die Lehrer sein. Dasselbe ist bei allen Zweigen des Felddienstes der Fall, für welche — nämlich für den Marsch-, Vorposten-, Patrouillen- und Lagerdienst — übrigens die jetzigen Vorschriften ausreichend sind.

Den Offizieren müßten außerdem die Themas der allgemeinen Dienstpflichten übergeben werden. Es giebt noch andere Zweige, in denen dies wünschenswerth wäre, aber die Ueberbürdung der Offiziere würde eine zu große sein.

Den Unteroffizieren verbleibt der Unterricht über Eintheilung der Armee, Löhnungs- und Verpflegungssachen, Ehrenbezeugungen,

Orden — vom letzteren nur das Nothbürftigste — Garnisonwachtdienst, das Gewehr und seine Behandluug.

Besitzt eine Kompagnie besonders tüchtige ältere Unteroffiziere, so können diese nach Anordnung des Kompagniechefs zur Aushülfe bei den der Offizierinstruktion unterliegenden Themas herangezogen werden.

Dringend wünschenswerth wäre es übrigens, uns von den Anhängseln vergangener Jahrhunderte endlich zu befreien und die Fremdworte in dem Unterricht des Soldaten nach Möglichkeit zu verbannen.

Ist es nicht komisch, daß wir unsere erste Frage über das Kapitel des Gehorsams mit der Erklärung eines ganz unnützen Fremdwortes beginnen müssen?

Anstatt zu sagen: Unterordnung und Gehorsam sind die ersten Erfordernisse im Heere — müssen wir fragen: „Was versteht man unter „Subordination"? Dies ein Beispiel für viele.*)

Hiermit also noch einmal zusammengefaßt, wünschen wir dem Stoff hinzugesetzt:

1) Vaterländische Geschichte;
2) genauere Unterweisung über allgemeine Dienstpflichten;
3) über Verhalten im Gefecht und endlich — wie auch neuerdings andern Orts vorgeschlagen — über Verhalten des Soldaten bei verschiedenen Vorfällen im Kriege, Requisitionen und dergleichen mehr.

Verstärkter Unterricht durch Offiziere ist nothwendig, bis unser Unteroffizierkorps mehr Kräfte in sich aufgenommen hat, die zum Unterricht geeignet erscheinen.

Bei der Rekrutenbesichtigung also würde schon zu verlangen sein:

Einfache Instruktion über die zerstreute Fechtart und das Ernstgefecht.

Ein Abschnitt der vaterländischen Geschichte und der des Regiments.

Hiermit haben wir zugleich den Weg bezeichnet, auf dem bei der weiteren Ausbildung im theoretischen Unterricht zu verfahren sein würde, und gewähren wir diesen Gegenständen im nächsten Kapitel keinen Platz.

---

*) Neuerer Zeit ist auch damit erfolgreich von mehreren Instruktionsbüchern vorgegangen worden. Vaterländische Geschichte hat ebenfalls, so z. B. in dem Buche von Köhler, Platz gefunden.

III.

Die Besichtigung einer Kompagnie geht bisher in folgender Weise vor sich. Aufstellung mit geöffneten Gliedern. Ansehen der Stellung wie beim Rekrutentrupp. — Oft besichtigt man die Rekruten hierin noch einmal allein. Der Besichtigende prüft nun den Einzelvorbeimarsch.

Die Kompagnie führt sodann das Schulexerziren, Wendungen, Schließen, Richtung, Griffe, Marschbewegungen aus.

Hierauf wird ein Gefechtsexerziren vorgeführt. Dasselbe besteht in einem kleinen Manöver auf der Tenne des Exerzirplatzes und wird fast überall jetzt dem Belieben des Kompagniechefs überlassen. Es wird gewöhnlich gezeigt: Das Schwärmen eines Zuges; Verstärken der Feuerlinie; ein Angriff, den die Kompagnie entweder geschlossen oder als Schützenanlauf ausführt, das Karree, ferner eine Rückwärtsbewegung mit Aufnahmestellung oder eine Frontveränderung nach der Flanke, endlich ein Sammeln im Trabe.

Mit einem Parademarsch schließt dann in der Regel die Besichtigung.

Auch hier müssen wir wieder ausrufen: „Noch lange nicht genug!" — um den erhöhten Anforderungen gerecht zu werden, die man an Gefechtsdisziplin stellen muß, wenn wir uns im nächsten Kriege unser bisher besessenes unbestrittenes taktisches Uebergewicht erhalten wollen.

Demgemäß denken wir uns die Besichtigung folgendermaßen:

Bis inkl. Schulexerziren bleibt das Verfahren bei derselben das nämliche.

Sodann nimmt sie einen ähnlichen Verlauf, wie bei der Vorstellung des Rekrutentrupps.

Es folgen also:

1) eine Anzahl elementarer Vorübungen zum Gefecht, Sammeln in allen Formationen, Frontveränderungen, Aufmärsche nach den Flanken, Schwärmen in den Flanken und im Kehrt. —

Wir betonen hier nochmals, daß wir diese Uebungen als technische Uebungen betrachten und nicht zum Gefechtsexerziren rechnen. Sie sind die Hülfen zum Gefecht. In das eigentliche Gefechtsexerziren gehören sie nur insofern, als sie in Ausführung der gegebenen Idee anwendbar sind. Man wird hierdurch vermeiden, daß man plötzlich eine unnatürliche Entwickelung nach der Flanke und

Aehnliches mehr, mitten im Gefechtsexerziren, zu sehen bekommt, da der Kompagniechef doch dem Vorgesetzten „zeigen" will, daß die Kompagnie sie zu machen versteht;

2) folgt sodann: Ein Gefechtsexerziren auf der Ebene (dem Exerzirplatz). Zu demselben wird die Idee dem Kompagniechef gegeben und ihm also eine Aufgabe gestellt.

Diese Manier wurde früher öfter als jetzt befolgt, sie ist aber leider fast ganz in Vergessenheit gekommen. Man läßt jetzt häufig den Kompagniechef das vorführen, was ihm beliebt. Es ist nun aber sehr leicht, ein bestimmtes Manöver einzuüben.

Verlangt man von den Kompagniechefs nur, daß sie überhaupt etwas „zeigen", so sieht man eben sehr wenig.

Allerdings könnte man für die jetzt beliebte Art anführen, daß man auf diese Weise prüfen kann, ob der Kompagniechef auch Erfindungsgabe besitzt, ob er versteht eine richtige Voraussetzung zu machen und gemäß dieser zu handeln. — Aber im Kriege kann man sich die Verhältnisse auch nicht schaffen; sie stehen plötzlich fertig dem Soldaten gegenüber, und man muß sie nehmen, wie sie sind und seine Handlungsweise denselben anpassen. Also ist es jedenfalls eine höhere Prüfung, die Idee zu geben.

Verfährt man in dieser Weise, oder läßt man wenigstens bestimmte Annahmen den Gang des Gefechtsexerzirens durchkreuzen, so wird man sich in Wahrheit sowohl von dem Grade der Sicherheit der Truppe als auch von den Eigenschaften des Führers überzeugen. — Man würde dann gewahr werden, daß die Sicherheit in der zerstreuten Fechtart nicht einmal auf der Ebene eine so große ist, wie es nach manchen Besichtigungen den Anschein hat. — Wenn wir schon beim Rekrutentirailliren das Verfeuern von Patronen für nothwendig halten, so versteht es sich von selbst, daß wir dies hier in noch weit höherem Grade thun.

3) Eine Gefechtsübung in Abwechselung bietendem Gelände nach einer vom Besichtigenden gegebenen Idee. — Diese Idee muß sich aber in den Grenzen halten, daß die Kompagnie, ohne sich übermäßig auszudehnen oder Entsendungen zu machen, als ein taktisches Ganze eine Aufgabe durchführen kann. Es muß eine eigentliche Gefechtsübung daraus hervorgehen, wie wir sie als nothwendig zur Vorübung für die kleinen Feldmanöver bezeichnet haben.

Während einer solchen Gefechtsübung lassen sich nun abermals sowohl die Ausbildung der Kompagnie als auch die Fähigkeiten des

Kompagniechefs prüfen, was bei unseren bisherigen Besichtigungen nur unvollkommen der Fall ist, wenigstens glauben wir, dies zur Genüge gezeigt zu haben. Es wird dann nicht mehr vorkommen, daß Kompagnien „gut abschneiden", deren taktische Ausbildung in der That auf einer geringen Stufe steht, und der Vorgesetzte manchmal Jahre lang über die eigentliche militärische Befähigung des Kompagniechefs im Dunklen bleibt. Hauptsächlich die Ausführung dieser Gefechtsübung müßte den Maßstab zur Beurtheilung abgeben.

Wir wissen sehr gut, daß wir hiermit Außergewöhnliches verlangen und auf starken Widerspruch machen wir uns gefaßt. Dies soll uns aber nicht abhalten, unsere Gedanken hierüber frei auszusprechen. Haben wir es ja doch früher erfahren, daß eine solche Besprechung — zum Ruhm und zur Ehre unserer Zustände sei es gesagt — falls sie mit Maß und mit guter Absicht geschieht, gestattet ist.

Die von uns vorgeschlagene Besichtigung setzt viel Neues hinzu und weicht somit von altem Herkommen ab. Aber sind denn nicht auch die Leistungen, die man in Zukunft von uns verlangen wird, außergewöhnliche? — Folglich müssen auch die Mittel außergewöhnliche sein. — Dies Außergewöhnliche wird uns übrigens binnen einigen Jahren als etwas Gewöhnliches erscheinen. Ist es denn nicht eigentlich ein ganz in die Augen fallender Gedanke, die Truppe in dem zu besichtigen, was als das Wichtigste der Ausbildung angesehen werden muß, das Gefecht im Gelände?

Es ist uns übrigens wohl bekannt, daß die Bataillone in manchen Divisionen derart besichtigt werden. Auch dies geschieht aber erst lange nach der Bataillonsbesichtigung und kann nicht in's Einzelne gehen, weil die Bataillone eben zu groß sind. Nur in der Kompagnie ist es möglich, einen Ueberblick über die Ausbildung der Mannschaft hierin zu gewinnen.*)

Der Besichtigende hat hierbei kein leichtes Spiel. Derselbe muß in erster Linie auf das Verhalten der Truppe, in zweiter auf das des kommandirenden Offiziers seine Aufmerksamkeit richten.

Es bedarf also scharfen Blickes und vieler Ruhe, um bei einer solchen Besichtigung sogleich das entsprechende Urtheil zu fällen.

---

*) Bei einzelnen Truppentheilen hat man in den letzten Jahren auch Besichtigungen der Kompagnien im Gelände eingeführt, ein durchgehendes Prinzip ist jedoch nicht erkennbar.

Es bedarf Klarheit des Gedankens und der Ausdrucksweise, um eine zu einem solchen Zwecke brauchbare Gefechtsidee einem Andern deutlich mitzutheilen.

Zwar hat der Vorgesetzte in unseren Manöverkritiken oft genug Gelegenheit gehabt, sich in der Beurtheilung von taktischen Lagen und in dem Aussprechen von Meinungen über diese und das Verhalten der Führer sicher zu machen, aber beim Manöver entziehen sich doch die Einzelheiten des Verhaltens der Truppe großentheils der Beobachtung des Kritikers, und Beurtheilung dieser ist es hauptsächlich, die wir hier verlangen.

Nur bei einer solchen Besichtigung wird man unseres Erachtens vollständig im Stande sein, den wahren Werth einer Kompagnie und das Geschick ihres Chefs für Ausbildung und Leitung zu prüfen. Hier würden kleine Künsteleien, die auf dem Exerzirplatz so manches Mal das Auge des Vorgesetzten irre leiten, auf ihren wahren Werth zurückgeführt werden, hier zeigt sich Findigkeit der Mannschaft und der niederen Führer, die Ruhe und die Beherrschung der Leute in ihrer wahren Gestalt. Annähernd wie im wirklichen Gefecht kann der Führer beweisen, ob er seine Truppe in der Hand hat — jedenfalls kann er es in viel höherem Grade, als auf dem Exerzirplatz. Führen wir diese Besichtigungen ein, und sie werden uns dem Ziele näher bringen, das wir allgemein anstreben: die erhöhte Gefechtsdisziplin im großen Schützengefecht.

Führen wir diese Art Besichtigungen ein, und die Ausbildung wird und muß sogleich die Richtung annehmen, welche unmittelbar auf das Ziel hinführt.

Wir werden dann besser als bisher im Stande sein, Schein und Wesen zu unterscheiden.

Beim Beginn der Ausbildungsperiode der Kompagnien als Einheit treten die Rekruten in dieselbe ein.

Es gilt nun, die Kompagnie zu einem Ganzen zu machen.

In dem bisher üblichen Modus, zuerst in Gliedern, Sektionen, sodann in Zügen und endlich in der Kompagnie zu exerziren, braucht keine Aenderung einzutreten — wie wir ja auch an dem Ausbildungsgange des Exerzitiums der Rekruten, abgesehen von den Peinlichkeiten bei Einübung des Marschschrittes und dem sonst oben Bemerkten, nicht viel auszusetzen hatten — jedoch wollen wir anführen, daß es noch sehr häufig in vielen Truppentheilen Sitte ist, das Einzelexerziren, den Detaildrill, auch noch mehrere Tage nach Beginn des Kompagnieexerzirens fortzusetzen. — <u>Dies hat mit der Masse der Leute in der That keinen Sinn.</u> Die Einzelausbildung der Rekruten ist vollendet, die der alten Leute ist im Winter wiederholt. Jetzt aber gilt es nicht Einzelausbildung, sondern Kompagnieausbildung.

<u>Jedes zu seiner Zeit.</u> Es hat unseres Erachtens etwas geradezu Widersinniges, Stunden mit dem Ueben einzelner Griffe zu füllen, und das in der Periode, wo es eben nicht einzeln ausbilden, sondern <u>zusammenschmieden</u> heißt. Muß eine Kompagnie in dieser Zeit noch viel Einzelnexerziren, so fehlt es ihr eben an der gehörigen Vorbildung.

Der Verlauf der Ausbildung der Kompagnie als geschlossene Truppe würde also mit Weglassung aller Einzeldressur — wobei ein <u>Nachhelfen bei Zurückgebliebenen</u> nicht ausgeschlossen ist — in fast derselben Weise, jedenfalls aber mit der nämlichen, ja wo möglich noch größeren Genauigkeit und Straffheit erfolgen, wie bisher. Je mehr die Uebungen vereinfacht werden müssen, desto mehr muß auf <u>Ordnung</u> und <u>Sicherheit</u> in der Truppe gehalten werden. Neben den Bewegungen im Tritt wäre das Marschiren in der geschlossenen Masse ohne Tritt mehr als bisher zu üben, da dies die im Gefecht am meisten vorkommende Art der Bewegung ist und sich Schluß und Ordnung hierbei nicht von selbst ergeben.

Sehr vernachlässigt werden hierbei bisher noch immer als Exerzirübung <u>die ¹/₈- und ¹/₁₆-Schwenkungen in der Kompagniekolonne,</u> welche nicht ganz leicht auszuführen sind, wenn man sie gut und sicher verlangt. Dieselben sind bei der Bewegung größerer Massen in Kompagniekolonnen etwas sehr Nothwendiges, und ist es nicht zum kleinsten Theil dem Mangel an gründlicher Uebung in den Schwenkungen und Diagonalmärschen der Kompagniekolonnen zuzuschreiben, daß bei solchen Gelegenheiten oft mehr Zeit gebraucht wird, als nöthig ist.

Wie auch unser Reglement sehr richtig fordert, ist vor Allem auf vollständige Sicherheit in allen nöthigen Formen, nicht in vielen, zu halten. Dieselben müssen so vollständig in Fleisch und Blut übergegangen sein, daß die Leute sie zu jeder Tageszeit in Front, im Kehrt, nach welcher Richtung es sei, ausführen.

Wenn wir auch nicht gerade die Besichtigung mit Gepäck in der Kompagnie befürworten wollen, so ist doch ein mehrmaliges

Exerziren mit Gepäck während der Ausbildung der Kompagnie wünschenswerth.*)

Die im Gefecht vorkommenden Bewegungen der geschlossenen Masse müssen besonders Gegenstand der Uebung sein.

Diese sind:

1) Die Bewegungen des Unterstützungstrupps hinter der Schützenlinie.

Man halte auf dem Exerzirplatz wie in Gelände auf die größte Ordnung, sei die Bewegung mit oder ohne Tritt ausgeführt. Alle Kommandos zum Aufstehen, zum Antreten, zum Feuern seien nach dem Reglement und laut und schneidig abgegeben. Eine oder zwei Silben weniger im Kommando sind manchmal nicht der kürzeste Weg. Eine übereilte Ausführung ist nicht immer die schnellste. Daher müßten alle willkürlichen Kürzungen von Kommandos und auch die Einführung neuer selbsterfundener — wie wir dies vor einiger Zeit so oft in der Infanterie sahen — ganz energisch verboten werden.

2) Die Bewegungen im Karree.

Wir möchten hier darauf aufmerksam machen, daß das Abschaffen des angefaßten Gewehrs gerade im Karree uns ein Mißgriff scheint. Das Karree ist vielmehr die einzige Formation, in der es einige Vortheile bietet.

Eine wahre und mit den jetzigen Gefechtsverhältnissen ganz im Widerspruch stehende Unsitte ist übrigens das auf dem Exerzirplatz noch immer erfolgende sofortige Kehrtmachen und Zurückgehen des Karrees nach dem Abschlagen eines Kavallerieangriffs. Die Infanterie wäre ja nicht einen Schuß Pulver werth, die sich, einmal im Vorgehen begriffen, durch Kavallerieangriffe, nachdem sie dieselben abgeschlagen, zum Zurückgehen bewegen ließe. Wozu also dies ewig wiederholte Bild auf den Exerzirplätzen? —

Die vor sieben bis acht Jahren erfolgte Einführung des Signals „Achtung" war eine praktische Neuerung. Man bleibt jetzt häufig in den Schützenlinien liegen und richtet sein Feuer nur nach der erscheinenden Kavallerie. Das Sammeln in Zuglinien mit zurückgebogenen Flanken dürfte jedoch auch nicht zu vernachlässigen sein

---

*) Das Bataillonsexerziren müßte dagegen größtentheils mit Gepäck erfolgen, ebenso die Vorstellung. Eine Bataillonsbesichtigung ist keine Detailvorstellung.

und kann dann erfolgen, wenn man nicht im nahen feindlichen Infanteriefeuer steht. Eine geschlossene aufrecht stehende Linie schlägt die Kavallerie immer vernichtender ab, als eine auf der Erde liegende Schützenlinie. Selbstverständlich kommt es hierbei immer auf die Zeit an, welche der Infanterie bleibt, wenn die Kavallerie zum Angriff ansetzt.

3) <u>Ein kurzer Vorstoß mit der Kolonne gegen den Feind.</u> —

Dieser kann erfolgen bei Ueberraschungen, falls man nicht Zeit zur Entwickelung von Schützen hat, und bei sehr nebligem Wetter. Nothwendig geradezu ist das Vorgehen in geschlossenen Massen in der Nacht. In jedem Falle kann hier die Schützenentwickelung nur eine sehr sparsame sein, weil eine Leitung sonst unmöglich ist. — Hieraus folgt, daß die geschlossenen Angriffe auf kürzere Strecken allerdings noch zu üben sind, und daß Fälle vorkommen, in welchen das zerstreute Gefecht nicht in der gewöhnlichen Ausdehnung anwendbar ist. — Nur muß bei den Uebungen in der Kompagnie — bei den größeren in ähnlicher Weise — vermieden werden, in die schon längst entwickelte Schützenlinie mit Massen von zwei Zügen hineinzugehen und längere Angriffe mit Schützen in den Intervallen zu machen. Der Unterstützungstrupp muß sich in diesem Falle immer nur als die nachdrückende Reserve betrachten.

Das Feuer aus der geschlossenen Masse besteht in Salven- und Schnellfeuer.

Zur guten und kriegsgemäßen Ausführung desselben sind beim Beginn des Exerzirens der Kompagnie die Eingangs der Vorschriften für den Felddienst als elementare Uebungen erwähnten Anschlagübungen einer Abtheilung gegen die andere durchzumachen, um den Mann an schnelles Nehmen des Ziels und der Höhe auch im Gliede zu gewöhnen.

Später sind Uebungen ohne bestimmten Gefechtszweck zuerst in Zügen, dann in der Kompagnie mit Patronen vorzunehmen in derselben Weise, wie in den letzten Wochen der Ausbildung des Rekrutentrupps.

Wenn auch das Salvenfeuer, wie wir so oft verfochten haben, im Kriege sehr selten ist, so wird es dann stets anwendbar sein, wenn die geschlossene Masse (s. oben) als Kampfform möglich ist. Gegen Kavallerie aber wird es immer das brauchbarste sein. Aber auch das Schnellfeuer bedarf noch der Uebung aus der Masse, besonders was Stopfen und Eröffnen des Feuers auf Pfiff oder Signal anbelangt. Man hat dasselbe neuerer Zeit sehr eingeschränkt, indeß wird es sowohl aus der Masse als aus der Schützenlinie, wenn man in einer Gefechtskrisis der höchsten Steigerung der Wirkung bedarf, nicht zu entbehren sein.

<u>Neben dem geschlossenen Exerziren beginnt nun vom ersten Tage der Kompagnie-Exerzirperiode ab das Ueben des zerstreuten Gefechts in der Kompagnie.</u>

Je mehr nun die Rekruten in der zerstreuten Fechtart, wie im vorigen Abschnitt verlangt wurde, ausgebildet sind, je schneller schreitet selbstverständlich die Ausbildung der Kompagnie in diesem Dienstzweige vor. Es wird hierbei vorausgesetzt, daß die alten Mannschaften den Winter über gleichfalls im Schützengefecht im Gelände in der Woche ein bis zwei Mal geübt worden sind, sei es nun in Gefechtsübungen, oder durch kleine Manöver, welche die Kompagniechefs oder der Bataillonskommandeur leiten müssen. Die Ausbildung, die man freilich jetzt noch immer hin und wieder sieht, das Einzelexerziren als die einzige Aufgabe der Winterausbildung zu betrachten und die zerstreute Fechtart ganz liegen zu lassen, kann nicht gutgeheißen werden. Derartig behandelte ältere Leute würden nicht die nöthigen Vorbilder für die Rekruten bei Einstellung in die Kompagnie hinsichtlich des zerstreuten Gefechts abgeben können.

Der Gang der Besichtigung, wie wir ihn oben angegeben haben, skizzirt zugleich abermals den der Ausbildung in flüchtigen Zügen.

Man beginnt mit den elementaren Uebungen auf dem Exerzirplatz, dem meistentheils ebenen Gelände. Im Uebergange aus der geschlossenen Ordnung in die aufgelöste und umgekehrt, im blitzschnellen Sammeln, in den Bewegungen einer Feuerlinie, schnellen Schwenkungen derselben, welche durchaus nicht unwichtig sind, Direktionsveränderungen, langen Diagonalmärschen in Feuerlinien, dem sprungweisen Vorgehen innerhalb des wirksamen Gewehrfeuers, ist die Kompagnie vollständig sicher zu machen, bevor man zu wirklichen Gefechtsübungen schreitet.

Das sprungweise Vorrücken im Laufschritt ist nicht immer möglich. Große Erschöpfung, hohe Feldfrucht, Gestrüpp, steile Abhänge hindern absolut daran. Es muß daher auch das Vorrücken der Schützenlinien im Schritt und mit Feuer — was wir bei dem Angriff selbst für unentbehrlich halten — auch im wirksamen Gewehrbereich des Feindes als eine zu übende Bewegungsart angesehen und nicht ganz bei Seite geworfen werden.

Die taktischen Uebungen sind zuerst, wie beim Rekrutentrupp, ebenfalls auf dem Exerzirplatz (dem ebenen Gelände) vorzunehmen, wobei aber selbstverständlich alle etwaigen kleinen Unebenheiten zu benutzen sind.

Die natürlichen Abstände müssen so sorgfältig gehalten werden, als es der Platz nur immer gestattet, was durchaus nöthig ist. Es ist denn doch ein großer Unterschied, ob ein Trupp 100 oder 300 Schritt im Laufschritt zurücklegen muß.

Die bei allen Gefechtsübungen entwickelte Idee muß einfach sein. Die komplizirten Dinge sind zwar in der Mannigfaltigkeit des Krieges nicht absolut unmöglich, aber unwahrscheinlich. Die Uebung solcher Bewegungen gehört in die Vorübungen zum Schützengefecht.

Bei dem Ueben auf der Ebene ist jetzt darauf besonders zu sehen, daß die Züge als Schwarmabtheilung fest in der Hand des Führers bleiben, wie dies durch unsere neueren Vorschriften als Grundsatz anerkannt ist. Die Gruppen sind und bleiben allerdings als Unterabtheilung unentbehrlich. Seit wir aber mit so großen Schützenmassen kämpfen müssen, hat die Führung des Zuges in der Feuerlinie an Wichtigkeit gewonnen.

Die Gruppenführung wird bei kleineren Gefechten und in sehr durchschnittenem Gelände ihre volle Wichtigkeit übrigens doch behalten.

Ein häufiges Durcheinanderwerfen der Züge durch Einschieben (Eindoubliren), was ja doch nicht gerade absolut verboten, halten wir als kriegsgemäße Uebung und um die Leute zu gewöhnen, auch außerhalb ihres nächsten taktischen Verbandes kämpfen zu können, für sehr angebracht, ja wir meinen, daß ein Angriff in der Front gar nicht anders, wie durch ein allmäliges Verdichten der Feuerlinie ausführbar ist. (In noch höherem Grade muß diese Uebung beim Bataillon erfolgen.)

Die Art der Besichtigung, wie wir sie angedeutet haben, wird nun offenbar dazu nöthigen, diese Gefechtsübungen des einförmigen Wesens zu entkleiden, und der Kompagniechef gezwungen sein, möglichst viele, wenn auch einfache Gefechtsideen durchzuführen.

Mit dem schon auf das zerstreute Gefecht gehörig eingeschulten Rekrutenmaterial genügen zu diesen Uebungen einige Tage, um die Kompagnie mit den Gefechtsverhältnissen auf der Ebene vollständig vertraut zu machen. Nachdem man daher dort eine Uebung mit Platzpatronen gemacht, gehe man zu dem Gefecht in einem andern Gelände über. —

Es ist gar nicht unsere Absicht, hierbei auf Einzelnheiten einzugehen, oder besondere neue Lehren geben zu wollen. Dies ist schon sehr oft anderen Orts und auch ganz vortrefflich geschehen. — Auch haben wir noch immer meist Kompagniechefs, denen nur der Gang der Ausbildung im Großen vorgeschrieben zu werden braucht, und sie werden die Einzelnheiten schon machen. —

Ersteres ist aber auch nöthig, denn es kann nicht geduldet werden, daß jede Kompagnie in diesen Dingen anders verfährt und die eine das Ding von der rechten, die andere von der linken Seite anfaßt; in einem Bataillon, ja sogar in einem Regiment, ist ein gleichartiges Verfahren durchaus nöthig.

Die allgemeinen Anschauungen — Direktiven würde man sie in der Strategie oder in den organisatorischen Arbeiten nennen —, welche wir für praktisch halten, sind folgende:

Die Ausbildung des einzelnen Mannes in der Terrainbenutzung zum zerstreuten Gefecht ist während der Kompagnieausbildung schon als abgeschlossen anzusehen. Mit dieser also hat sich diese Periode der Ausbildung so wenig als mit der Einzelausbildung in den Griffen ꝛc. zu befassen.

Die Ausbildung der Rekruten ist sogar schon in einer größeren Abtheilung, dem Trupp, in dem Schützengefecht im Gelände bis zu einem gewissen Punkt gediehen. —

Damit ist nicht gesagt, daß nun der Einzelne absolut in diesem wichtigen Dienstzweige fertig sei; er wird das, was ihm fehlt, während des Uebens der Abtheilungen nachholen, ohne daß eine spezielle Beschäftigung mit ihm nöthig wird. Nachhülfen einzelner Ungeschickter sind, wie beim Exerziren, nicht ausgeschlossen.

Es gilt daher hauptsächlich, die Rekruten mit den alten Leuten zu einem taktischen Ganzen — der ersten und kleinsten Einheit — zusammen zu schmelzen. —

Man thut gut, sich den Gang der Ausbildung und die in demselben zu lösenden Aufgaben gehörig zurecht zu legen und bei Lösung derselben nach einer bestimmten Eintheilung systematisch zu verfahren, anstatt, wie man das so sehr häufig sieht, einfach darauf los zu üben, sich seinen Plan, seine Lehrmethode von den äußeren Verhältnissen aufbringen zu lassen und das zu machen, was einem gerade durch den Kopf fährt. Dabei vergißt man nun freilich dieses und jenes, weil man die Dinge eben durcheinander wirft. Jeder Mensch bedarf einer gewissen Kontrole, und es wird eben deshalb so oft wirr und kraus in der Ausbildung im Gelände verfahren, weil gerade diese Kontrole bei unserem jetzigen Ausbildungsgange größentheils fehlt. Wir stellen daher den Grundsatz auf: Es muß bei unserer Ausbildung zum Gefecht systematischer verfahren werden, und dies wird geschehen, wenn das Gefecht im Gelände mit in den Kreis der Besichtigungen gezogen wird. — Es ist nicht nöthig, daß alle absolut an derselben Stelle anfangen, aber alle müssen sich einen Plan entwerfen, nach welchem sie folgerichtig verfahren.

Gut wäre es, wie bei jeder Lehrmethode, mit em Allereinfachsten auch hier zu beginnen. —

Die Hauptaufgaben in der Ausbildung einer Kompagnie lassen sich sehr leicht und, wie es uns scheint, am besten nach taktischen Hauptmomenten eintheilen. Es sind dies:
1) das Angriffsverfahren;
2) das Vertheidigungsverfahren.

Die Angriffs- und Gegenstöße aus einer Vertheidigungsstellung sind dabei aber von Anfang in Betracht zu ziehen und den niederen Führern und der Mannschaft vor Augen zu stellen.

Der Begriff des hinhaltenden Gefechts ist nur den Führern — den Unteroffizieren — die Offiziere müssen ihn von der Kriegsschule her kennen — klar zu machen, obwohl, wie schon oben entwickelt, es besondere Formen für das demonstrative Gefecht nicht wohl geben kann.

Außerdem soll die Kompagnie in der Gefechtsdisziplin für alle Lagen so weit gebracht werden, daß dieselbe sowohl selbständig wie als Glied größerer Einheiten in jedem Gelände geordnet fechten kann.

Verfährt man folgerichtig nach einer solchen oder nach einer ähnlichen Eintheilung, so ist es ganz gleichgültig, ob man die Kleinigkeiten so oder so gestaltet. Auf Kleinigkeiten kommt es gar nicht an, wenn nur das richtige Prinzip feststeht.

Ehe man die praktische Uebung beginnt, sage man den Leuten jedesmal, worauf dieselbe ungefähr hinzielt, und gebe ihnen einen Begriff von der Sache. — Zuerst indem man ihnen klar legt, wie der Angriff und die Vertheidigung heute hauptsächlich beschaffen sind, und welche Grundsätze sich jeder gemeine Soldat dabei einzuprägen hat. — Angriff: Entschlossenes Vorgehen bis auf 400 m; kein Schuß, ehe die Eröffnung des Feuers nicht befohlen ist; sprungweises Vorrücken, endlich Anlauf ohne Stutzen. Kehrt machen bringt Verderben. — Vertheidigung: Die Eröffnung des Feuers auf weite Entfernungen von 400 bis 700 m wird nur auf Befehl angewendet; die Entfernungen sind möglichst abzuschreiten und zu bezeichnen; auf kurze Entfernungen lebhaftes Feuer; jeder Mann bleibt beim Anlauf des Feindes fest liegen; Gegenstoß erfolgt unter Umständen auf Befehl.

Es wird nöthig sein, bei den ersten und einfachsten Uebungen öfter diesen oder jenen Moment zu wiederholen, denn man kann gar nicht verlangen, daß z. B. ein Vorgehen gegen eine Stellung von einer neu zusammengesetzten Kompagnie gut ausgeführt wird. Die ersten Uebungen werden durch ein so gründliches Verfahren nicht immer gerade viel Abwechselung bieten, aber eine desto bessere Einwirkung auf die Gewöhnung der Truppe an gewisse einfache Grundsätze haben, welche sich in dem Verhalten derselben stets verkörpern müssen. Uns würde es genügen, wenn an einem Uebungstage ein oder zwei Angriffe auf eine Stellung gut ausgeführt würden. — Mit dem Ueben der Vertheidigung, als dem leichtesten, wird man naturgemäß wieder beginnen. Hiermit kann zugleich, falls nicht besondere Uebungstage hierzu angesetzt werden, das Aufwerfen von Schützengräben, zum wenigsten in dieser Periode des ersten und zweiten Profils, verbunden werden. Feste Grundsätze für das Abschreiten und das Bezeichnen der Abstände müssen in jeder Truppe in Fleisch und Blut übergehen.*)

Kurze Unterweisungen des Kompagniechefs über die Benutzung des Geländes, die Rolle, welche Schützenlinie und Unterstützungstrupp spielen, und eine Durchführung des Angriffs durch einen markirten Feind werden genügen, um die Kompagnie für die einfache Aufgabe der Vertheidigung in nicht zu langer Zeit brauchbar zu machen.

Anders ist es mit der Einübung des Angriffs. Um hier Sicherheit in der elementaren Ausführung zu erlangen, wird man mindestens die doppelte Zeit gebrauchen. Auch hier sind vor Allem zuerst nur Frontangriffe mit fest zusammengehaltener Kompagnie zu üben, erst später kann man zu kleinen Umfassungen übergehen,

---

*) Genaueres hierüber findet man in meiner Schrift: „Die Hauptwaffe in Form und Wesen."

niemals aber darf der Zusammenhang verloren gehen. Die Aufgabe ist vorläufig, wir betonen es nochmals, eine rein technisch-taktische für den Kompagniechef.

Das Heranführen der Feuerlinie bis auf 400 m vom Feinde, das Einnisten der Schützen vor der feindlichen Stellung, die ruhige Eröffnung des Feuers, das weitere Vorgehen mit sorgfältiger Benutzung des Geländes durch die Züge oder Gruppen, nur in seltenen Fällen durch einzelne Rotten, die Führung des Unterstützungstrupps, Verstärkung der Linie durch das theilweise oder gänzliche Auflösen desselben, endlich der Anlauf und Einbruch müssen Gegenstände der sorgfältigsten Ausführung durch die Mannschaft und der Beaufsichtigung und Belehrung durch den Kompagniechef und die Offiziere sein. Der Feind ist auch hierbei stets zu markiren.

Erst wenn man nun 3 bis 4 Male den Angriff, die Vertheidigung, den Gegenstoß aus der Stellung systematisch geübt hatte, kann man übergehen zur Durchführung wirklicher Gefechtsideen, in denen die taktischen Verhältnisse sich abwechselnder gestalten. Bei diesen müßte der Feind immer durch mindestens eine Sektion markirt und stets mit Patronen versehen sein.

Man wird bald inne werden, wie anders und besser sich die Anläufe der Schützen, die Bewegungen der Unterstützungstrupps gestalten, wenn man die einzelnen taktischen Momente des Angriffs und der Vertheidigung gehörig vertheilt und in die Kompagnie in Wahrheit hineingetragen hat. Wir möchten dies vergleichen mit einem Einzelfechter auf Stoß, der auch erst den oder jenen Ausfall anfangs ungeschickt, dann aber mit Mühe und systematischer Ausdauer immer gewandter ausführt — später aber beim wirklichen Kontrafechten wendet er seine Stöße und Deckungen fast mechanisch in dem Bedürfniß des Moments gegen den Gegner an. Zur Erhaltung der Ordnung müssen im Uebrigen, wenn man zu den Gefechtsübungen übergegangen ist, nur die Mittel angewendet werden, die im Kriege wirklich anwendbar und zulässig sind.

Niemals darf es vorkommen, daß sich Trupps, falls sie einmal durcheinandergekommen sind, im feindlichen Feuer entwirren, oder gar plötzlich in die geschlossene Ordnung ohne Grund übergehen.

Die Mannschaften müssen eben gewöhnt werden, auch durcheinandergemischt fechten zu können, und erst in der nächsten Gefechtspause, z. B. nach Wegnahme eines Abschnitts, kann von neuem die Ordnung hergestellt werden.

Die Einzelnheiten bei allen diesen Uebungen übergehend und dem Einzelnen überlassend, wollen wir noch auf zwei Momente einen Blick werfen:

1) die Anwendung des Feuers,
2) die Führung durch die Unteroffiziere.

Die von mir in anderen Schriften über den ersten Punkt dargelegten Ansichten will ich hier nicht wiederholen. Als steter Gegner der übermäßigen Anwendung des Fernfeuers und steter Zweifler an der Wirksamkeit der behufs besserer Feuerleitung vor einigen Jahren aufgenommenen Mittel begrüße ich es freudig, daß, nach einer Probezeit, gemäßigte und geklärte Ansichten über diesen Gegenstand in der Infanterie Platz gegriffen haben, und daß die neuesten Vorschriften ebenfalls den gemachten Erfahrungen in gewissem Grade Rechnung tragen. Daß der Ausbildungsgang der Kompagnie sich nach diesen richten muß, ist selbstverständlich, jedoch giebt es innerhalb des gegebenen Rahmens einen bedeutenden Spielraum. Ein solcher besteht nun z. B. in der Anwendung des Schwarmsalvenfeuers und des Schützenfeuers, des Nahfeuers und des Fernfeuers.*)

Wenn ersteres auf Entfernungen über 500 m, gegen Reiterangriffe und zur überraschenden Eröffnung des Gefechts anwendbar erscheint, so ist es doch das Schützenfeuer, welches den eigentlichen Kampf der Infanterie durchzuführen hat. Nehmen wir an, daß die Mannschaft als einzelne Schützen gut vorgebildet ist, so muß sich nun die größte Sorgfalt nicht nur auf die sogenannte Feuerleitung, sondern auch auf die Ausführung des Waffengebrauchs und die Benutzung des Geländes durch die Mannschaft in ihrem Verhältniß als Theile der Gruppe, bezüglich der Linie, richten. Wir meinen, man soll nicht zu viel auf die mechanische Feuerleitung (also „Schwarmsalve" oder „drei Patronen Schützenfeuer") vertrauen und sich einbilden, die Kompagnie sei vortrefflich, wenn diese Mechanik leidlich funktionirt. Nein, man soll nie das Bild des Nahgefechts im Kriege aus dem Auge verlieren, in welchem das selbständige Verhalten des einzelnen Schützen doch nicht zu entbehren ist und in diesem Sinne seine Feuerlinie fortwährend beaufsichtigen. Ein Mittel, wie die

---

*) Den Begriff Einzelnfeuer und Massenfeuer halten wir für einen rein theoretischen nur für die Lehre brauchbaren. (Vergl. „Die Hauptwaffe in Form und Wesen.")

Ausbildung der Leute hierin zu prüfen, haben wir schon auf Seite 30 angegeben.*)

Wie außerordentlich unselbständig unsere Leute durch diese jetzige Art Feuerleitung geworden sind, davon kann man sich leicht überzeugen, wenn man eine Abtheilung älterer Mannschaften in's Gelände hinausführt und sie nun auf nähere Entfernungen einmal gegen einen markirten Feind fechten läßt, die Offiziere und Unteroffiziere aber ganz oder theilweise von der Leitung des Feuers entbindet, die Leute also in eine Lage setzt, wie sie in vielen Gefechtslagen oft vorkommt.

Die Kompagnie muß im Gebrauch des Massenfernfeuers ausgebildet sein, ehe sie in das Bataillon tritt. Es wird Sache des Kompagniechefs sein, die Anwendung auf das richtige Maß zu beschränken, seine Unteroffiziere und Mannschaften derart zu unterrichten, daß damit kein Mißbrauch getrieben wird, vor Allem nicht beim Angriffsverfahren.

Ueber Punkt 2, die Führung durch die Unteroffiziere, möchten wir zuerst bemerken, daß die seit 1873 eingetretene Verbesserung der Lage der Unteroffiziere, noch mehr die Einsicht, daß die sichere Existenz in diesem Stande vielen anderen Stellungen vorzuziehen sei, sowie das Heruntergehen der Löhne nach der Gründerzeit, die Veranlassung dazu gewesen sind, die Etats wieder leidlich zu füllen; daß aber die Ausbildung des Unteroffizierkorps deshalb gewonnen habe, läßt sich wirklich nicht behaupten. Die Gewandtheit in der Ausbildung des einzelnen Mannes, sowie auch in der Führung geschlossener oder aufgelöster Abtheilungen hat sich nicht vermehrt, sondern ist vielmehr zurückgegangen, wobei ebenfalls die von uns im Abschnitt I entwickelten Gründe in gewissem Grade mitwirkten.

Nicht günstig für die militärische Ausbildung der Unteroffiziere wirkt ferner die Unteroffizierschule im Winter ein. Die Begründung dieses Instituts geschah bekanntlich in der Absicht, den Unteroffizieren und Kapitulanten noch während ihrer Dienstzeit die Möglichkeit der Aneignung derjenigen Kenntnisse zu gewähren, die für die Anstellung in besseren Civilämtern unentbehrlich sind. Diese Schule nimmt aber, besonders in Garnisonen mit starkem Wacht- und Arbeitsdienst, eine solche Zeit in Anspruch, daß für einen besonderen Unterricht der

---

*) Die von uns einzig und allein stets empfohlenen Mittel der Feuerleitung bleiben: eine sorgfältige Unterweisung der Leute, Ernst und Strenge gegen die Nachlässigen und als äußerliches Mittel die Pfeife.

Unteroffiziere kaum einige Stunden im Winter zu erübrigen sein
dürften. Die von uns in der I. Auflage dieser Schrift empfohlenen
taktischen Unterrichtsstunden durch einen geeigneten Offizier im Bataillon, behufs Verbesserung der taktischen Führung durch die Unteroffiziere, stößt daher auf mannigfache Schwierigkeiten.

Da wir ihn aber unbedingt für ein passendes Mittel halten,
das Interesse der intelligenteren Unteroffiziere zu wecken, ihnen Verständniß für die Führung ihrer Abtheilungen beizubringen, so bliebe
nur übrig, den Kapitulantenschulen auch einen militärischen Zweck beizulegen und den dorthin kommandirten Unteroffizieren und Leuten
diesen taktischen Unterricht daselbst zu ertheilen. Auf diese Weise würden
allmälig wohl Alle desselben theilhaftig werden.

Der Unterricht müßte freilich jedes weitschweifigen und gelehrten
Charakters entkleidet sein, sonst könnte er eine schöne Verwirrung in
den Köpfen anrichten. Wir denken uns denselben ungefähr wie folgt:

1) 3 Stunden Geschichte der Infanterietaktik seit Friedrich dem
Großen.

2) 4 Stunden Belehrung über Formationen, Gefecht auf der
Ebene (Exerzirplatz).

3) 11 bis 12 Stunden über Taktik in kleineren Verhältnissen;
Angriffe kleinerer Abtheilungen auf Gehöfte, Dörfer, Wälder,
Vertheidigung eines Dorfeinganges, Einrichtung eines
Hauses u. s. w. Summa 19 Stunden, die sich auf 4 bis 5
Monate der Kapitulantenschule vertheilen würden. Ueber die
Lösung der Aufgaben sogleich kurze Berichte.

Kehren wir nun noch einmal zur Ausbildungsperiode einer Kompagnie Infanterie zurück und überblicken wir dieselbe, so finden wir:
3 bis 4 Tage Sektions- und Gliederexerziren, 8 bis 14
Tage Exerziren in der Kompagnie und Schützengefecht auf
dem Exerzirplatz; 3 bis 4 Wochen Schützengefecht und
Gefechtsübungen in jedem Terrain ohne und mit Gepäck.
Dabei wird das Exerziren in geschlossener Kompagnie zwei bis drei
Mal in der Woche auch gründlich betrieben.

Die Gymnastik und Schießausbildung gehen ihren Gang und
werden hauptsächlich auf die Nachmittage verwiesen.

Die ganze Ausbildungsperiode der Kompagnie bis zur Besichtigung umfaßt also eine Zeit von 6 bis 7 Wochen je nach den Verhältnissen des Garnison- und den Anforderungen des Wacht-
und Arbeitsdienstes. — Wenn 6 bis 7 Wochen für die Ausbildung

der Kompagnie gegen die bisherigen 4 bis 5 hoch gegriffen erscheinen, so bedenke man die ungemeine Wichtigkeit des Gegenstandes und stelle sich vor Augen, daß die eigentliche Ausbildung im Felddienst in ihrem wichtigsten Theile mit der Kompagnieausbildung, dem Gefecht im Gelände, schon abgeschlossen sein würde, also sogleich zu den kleinen Manövern gegeneinander und zu den Vorposten- und Patrouillendienstübungen sowie zur Ausbildung der Unteroffiziere im Felddienst übergegangen werden könnte.

Während man also jetzt nur das Exerziren und die Gefechtsformen auf der Ebene in der Ausbildungszeit einübt und schließlich besichtigt, sodann die Kompagnie allein sämmtliche Zweige des Felddienstes durcharbeiten läßt, ohne ein Examen zu fordern, und es der Beobachtung bei den Uebungen überlassen muß, sich so beiläufig ein Urtheil bei einzelnen Gelegenheiten zu bilden, wünschen wir in dem wichtigsten Zweige des Felddienstes, dem Gefecht, eine systematische Prüfung nach allen Richtungen hin.

Daß Prüfungen in diesem Zweige nicht unmöglich sind, haben einzelne Kommandeurs bewiesen, indem sie solche, wenn auch erst einige Wochen nach der Kompagnievorstellung, abhielten. Aber es ist das Prinzip anzuerkennen, wenn man Einwirkung im Großen haben will.

Wie der Kompagniechef sodann weiter seine Kompagnie im Felddienst, Vorposten- und Patrouillendienst ausbildet, muß ihm, wie bisher, überlassen bleiben. Der Vorgesetzte kann das nicht inspiziren; er kann es nur, falls die Truppe mit ihm in einer Garnison steht, beaufsichtigen und Anleitungen geben. Bei Annahme unserer Vorschläge aber würde er über die Leistungsfähigkeit der Truppe im Gefecht im Gelände bereits unterrichtet sein.

Die klassenweise Ausbildung, welche in der „Friedensschule" von Scherff lebhaft befürwortet wird, ist ohne Zweifel ein sehr richtiges Prinzip und legt ihren Schwerpunkt mit Recht für die erste Klasse in den Patrouillen- und Feldwachtdienst, wo die Selbständigkeit des Mannes hervortreten kann. —

Zu große Erfolge aber muß man sich nicht davon versprechen. Ihre volle Durchführung wird stets große Schwierigkeiten in dem schon vorhandenen gewaltigen Pensum finden, welches der Kompagniechef im militärischen Jahre mit der Masse der Kompagnie zu verarbeiten hat. Besonders wird dies in Festungen, wo überhaupt kaum eine Durchschnittsausbildung zu erzielen ist, der Fall sein.*) Das Schützengefecht im Gelände aber gründlich zu erlernen, ist heute für alle Leute erforderlich.

Denn auch hierin erblicken wir gerade ein Mittel für die angestrebte erhöhte Gefechtsdisziplin. —

Jedem Manne muß die Terrainbenutzung so zur Gewohnheit werden, daß sie ihm gar keine Schwierigkeiten bereitet und er eben mehr Aufmerksamkeit und Zeit auf den Führer, dessen Zeichen und Worte verwenden kann.

Die Ausbildung einer ersten Klasse als Patrouillen- und besonders als „Schützenführer" aber, wenn sie auch nur aus wenigen Leuten bestände, würde immerhin auf die Gefechtsdisziplin von gutem Einfluß sein und wäre daher von allen Kompagnien zu verlangen. Dieselben könnten bei den Besichtigungen im Gelände als Schützenführer eintreten, um dem Vorgesetzten zu zeigen, daß sie allenfalls im Stande sind, die Unteroffiziere zu ersetzen.

Wir haben versucht auszusprechen, wie das Streben nach einer noch erhöhten Gefechtsdisziplin wohl praktisch möglichst bald verwirklicht werden könnte. —

Die weitere Entwickelung der Ausbildung der Bataillone, Regimenter, Brigaden würde damit eine Basis erhalten, die den heutigen Verhältnissen entspräche.

---

*) Festungen müssen überhaupt starke Besatzungen haben, um Wacht- und Arbeitsdienst erträglich zu machen. Denn nicht nur die Ausbildung, auch die Haltung und der Geist der Truppe leiden auf's ernstlichste durch übermäßigen Wachtdienst. Es giebt keine Sache, welche die Truppen mehr verbummeln läßt als dieser. Ganz natürlich! Unteroffizieren und Leuten ist dieser ewig wiederkehrende langweilige und schrecklich ermüdende Zustand eine Qual. Die Schildwachen, wenn sie sich unbeobachtet glauben, verschaffen sich demzufolge alle möglichen Erleichterungen und verletzen ihre Instruktion. Damit ist ein sehr bedeutender Schritt zur Lockerung der Disziplin und Haltung schon geschehen. Wie soll ein Kompagniechef alte Leute ausbilden, die im Winter den zweiten oder dritten Tag auf Wache ziehen? Wo die Bürgerquartiere für stärkere Besatzungen nicht ausreichen, müssen Kasernen gebaut werden. Ziehen wir nun noch den ungeheuren Arbeitsdienst in Betracht, den in solchen Festungen die Infanterie thun muß, endlich die neuerdings noch durch die Abgaben von Lehrpersonal an die Reserven, Landwehren und Ersatzreserven herangetretenen Schwierigkeiten, so könnte es nicht Wunder nehmen, wenn ein Nachlassen in der Haltung der Infanterie einträte, wie man es bisher nicht gewöhnt gewesen war.

Denken wir uns die Besichtigung dieser größeren Truppentheile nach denselben Grundsätzen vorgenommen, wie die der Kompagnien, so würden die Resultate bald zu Tage treten.

Unsere Armee ist einsichtig und disziplinirt. Was verlangt wird, führt sie aus — und das von uns hier Verlangte ist auch ausführbar.

Ist man daher von der Nothwendigkeit einer noch erhöhten Gefechtsdisziplin durchdrungen, um unser taktisches Uebergewicht wie bisher geltend zu machen, und hat man sich überzeugt, daß hierzu die Ausbildung der Aenderungen bedarf, wohlan! so fordere man nur!

Das, was überhaupt im Frieden zu machen ist, wird dann sicher geschehen.

Andere Besichtigungen, andere Ausbildung!

Anhang.

Ueber die Ausbildung der Ersatzreserven.

Preußen hat in seiner militärischen Geschichte schon zwei Einrichtungen zu verzeichnen, welche dem durch das Gesetz vom 6. Mai 1880 für das Deutsche Reich geschaffenen Institut der übungspflichtigen Ersatzreserven ähnlich sahen. Diese waren die Krümper und die Landwehrrekruten.

Beide Einrichtungen waren ebenso wie die Einziehung der Ersatzreserven zu zehn-, vier- und zweiwöchentlichen Uebungen ein Nothbehelf. Die Umstände jedoch, unter denen sie zur Ausführung gelangten, sind sehr verschieden.

Unter den Augen der französischen Heerführer und während der Besetzung des Landes durch die fremden Truppen in den Jahren 1808 bis 1813 zog man einen Theil der Heerespflichtigen auf 4 Wochen ein, exerzirte sie nothdürftig und schickte sie wieder nach Hause. Man schuf sich Reserven hierdurch, welche, als die Stunde der Erhebung schlug, in das kleine stehende Heer eingereiht ja sogar in selbständige Truppentheile, 34 Reserve-Bataillone, formirt wurden und unter dem Einfluß der damaligen, das ganze Volk durchdringenden Begeisterung nach kurzer Uebung gegen den Feind geführt werden konnten.*)

Die Landwehrrekruten, bestehend aus den Dienstpflichtigen, welche wegen Mangels an Truppenkörpern nicht in die Linie eingestellt werden konnten, wurden in den nächsten Jahrzehnten nach den Befreiungskriegen für eine Dienstzeit von 3 Monaten eingezogen

---

*) Die Krümper wurden übrigens zu wiederholten Uebungen einberufen. Ihre Gesammtdienstzeit kam auf etwa 6 Monate. Der Landwehr von 1813, als einer bei Ausbruch des Krieges aufgerufenen außergewöhnlichen Bewaffnung, wollen wir hier nicht gedenken. Dieselbe hatte aber auch 5 Monate für ihre Ausbildung, ehe sie in's Feuer kam.

und bei der Landwehr selbst ausgebildet. Diese Einrichtung bewährte sich als eine dauernde durchaus nicht. Man fand, daß diese Leute niemals auch nur annähernde Sicherheit und Haltung gewannen, daß sie der Truppe eher schadeten als nützten. Nach kurzer Existenz verschwanden daher die Landwehrrekruten, und man führte, um sich die nöthige Anzahl ausgebildeter Reserven und Landwehrleute zu schaffen, 1836 bei der Linie die zweijährige Dienstzeit ein, welche 1852 durch die dreijährige wieder ersetzt wurde.

Der Mißerfolg der Landwehrrekruten ist eine ganz natürliche Erscheinung. Während bei den Krümpern von 1813 die außerordentlichsten Verhältnisse mitwirkten, um sie im Befreiungskampfe brauchbar erscheinen zu lassen, sollten die Landwehrrekruten keine vorübergehende Einrichtung, sondern ein Theil des im Frieden wirkenden Heeresorganismus sein. Diesen Platz konnten sie nicht ausfüllen, denn es ist etwas anderes, den Zündstoff zu einem Brande zu häufen, als ein festes wohlgefügtes Gebäude zu errichten.

Die Einrichtung der Ersatzreserven hat eine ähnliche Ursache. Trotz der Vermehrung unserer Truppenkörper besitzen wir deren immer noch nicht genug, um alle Dienstpflichtigen einziehen zu können. Wir stellen ferner neben den Freigeloosten und den häuslicher Verhältnisse wegen als unabkömmlich erklärten Dienstpflichtigen eine große Anzahl Leute in die Ersatzreserve erster Klasse wegen geringer körperlicher Fehler, die sie nicht dienstuntauglich machen. Diese Mannschaften wurden bei ausbrechendem Kriege in die Ersatz-Bataillone als Rekruten gestellt. Sie mußten daselbst erst eine hastige Ausbildung empfangen, ehe sie fähig waren, den Truppentheilen, welche inzwischen vor dem Feinde starken Verlust gehabt hatten, nachgesendet zu werden.

In Anbetracht der Schwierigkeiten der Ausbildung eines in der Gegenwart für das Feld brauchbaren Soldaten, welche hauptsächlich in der Nothwendigkeit des zerstreuten Gefechts und in der Instruktion für die Behandlung und den Gebrauch der komplizirter gewordenen Schußwaffe begründet sind, kann man diese Rekruten, wenn sie in zwar siegreiche, aber durch die Verluste stark geschwächte Truppenkörper eingereiht werden, als kriegsfähig nicht erachten. Wie viel weniger würde dies aber der Fall sein, wenn Wechselfälle des Krieges den Geist der im Felde stehenden Truppen gedrückt, ihren Zusammenhalt gelockert hätten.

Dieselben Mannschaften sollen nun nach einer zehn-, vier- und zwei zweiwöchentlichen Uebungen in jene Ersatz-Bataillone treten. Daß dies ein ungemeiner Vortheil ist, wird von Niemandem bestritten werden können, denn die Sache liegt zu offen auf der Hand. Sogar wenn man annimmt, daß mehrere Jahre zwischen der letzten Uebung der Ersatzreserven und der Mobilmachung lägen, werden einige Wochen Dienstzeit bei den Ersatz-Bataillonen genügen, um dem Manne die damals erlangten Kenntnisse wieder in das Gedächtniß zu rufen und ihn also zu obengedachtem Zweck: die Einreihung in eine ausgebildete erfahrene Truppe, um vermischt mit dieser zu fechten, tauglich zu machen.

Dies ist freilich keine Folgerung aus bereits gemachter Erfahrung, aber es ist eine Voraussetzung, die man schon nach den Ergebnissen der diesjährigen Uebungen mit Wahrscheinlichkeit aufstellen kann.

Weniger günstig würde die Sache schon liegen, wenn man die Ersatz-Bataillone zu mobilisiren und im Felde zu verwenden gedächte. Diese Bataillone bestehen meist aus älteren Landwehrleuten, abgegebenen schwächeren oder jüngeren, noch nicht vollständig ausgebildeten Leuten der Linie, haben also nicht den Zusammenhalt, den man von den Feld-Bataillonen der Linien-Regimenter mit Recht erwarten kann und den sie bisher auch stets gezeigt haben. Der Vortheil bliebe indeß immer bestehen, daß man die Ersatzreserven überhaupt in diesen Bataillonen sofort verwenden könnte, während man sie früher den Rekrutendepots hätte zutheilen müssen.

Als Abschwächung der oben erwähnten Vortheile muß man freilich zugestehen, daß die Linientruppen fast überall durch Abgaben an andere bei der Mobilmachung formirte Truppen nicht unwesentlich in ihrem inneren Gehalt abgeschwächt erscheinen, ein Nachtheil, der sich aber bei allen Armeen mehr oder weniger herausstellen dürfte.

Die Ergebnisse der diesjährigen Uebung sind, soweit unsere Nachrichten reichen, in fast allen Armeekorps verhältnißmäßig gute gewesen. Das Lehrpersonal hat sich ein vorzügliches Zeugniß ausgestellt. Das Verhalten der Mannschaft hat gezeigt, daß der militärische Geist in unseren Massen, trotz der inneren Zerrüttungen, fester sitzt, als vielfach angenommen wurde.

Dies Resultat darf jedoch nicht zu der Folgerung verleiten, daß die Heeresverfassung dauernd auf ähnliche Einrichtungen, mit bedeutender Abkürzung der Dienstzeit gegründet werden könnte.

Der Ersatzreservist ist und bleibt nur ein Milizsoldat, brauchbar als Einzelner unter den oben gedachten Bedingungen. Niemals aber würde ein Truppenkörper oder die Feldarmee eines großen Staates, zusammengesetzt aus Mannschaften von so kurzer Dienstzeit, operationsfähig sein. Diesen Soldaten würde der Halt, diesen Truppenkörpern würde der Kitt fehlen, den im Frieden nur die Wiederholung der Uebungen und die Gewohnheit derselben bis zu einem gewissen Grade geben kann. Nur diese Gewohnheit des Zusammenhalts und der auf den Krieg bezüglichen Thätigkeit, sowie die Anerziehung des militärischen Ehrgefühls bilden das Mittel, um den gemeinen Mann und somit die Masse der Armee fähig zu machen, den Gefahren und Anstrengungen des Krieges gegenüberzutreten. Dies kann selbstverständlich nicht durch eine so kurze Dienstzeit, wie die der Ersatzreserven, erreicht werden.

Die großen Feldarmeen der Hauptmächte Europas müssen, wenn der Krieg zu einem entscheidenden und einigermaßen schnellen Abschluß gebracht werden soll, im Stande sein, zu marschiren, zu fechten, wieder zu marschiren, genug alle die Anstrengungen zu ertragen, ohne ihren Zusammenhalt zu verlieren, welche das strategische und taktische Angriffsverfahren mit sich bringt.

Selbst für das Vertheidigungsverfahren im freien Felde sind Milizen nicht geeignet, weil ein schneller Uebergang zum Angriff aus der Vertheidigung heraus sowohl in taktischer als strategischer Hinsicht immer das anzustrebende Ziel bleibt.*)

Welches waren nun, genauer gesehen, die Resultate der diesjährigen zehnwöchentlichen Uebung?

Der die Ausbildung betreffende Passus aus der Verfügung des Kriegsministeriums lautet folgendermaßen:

---

*) Milizen haben in Ländern wie die Schweiz und Tirol in der Vertheidigung von Gebirgen und anderen großen natürlichen Hindernissen ihre Berechtigung. Mit Milizen hätte Wellington aber nicht seine Vertheidigungsschlachten in Spanien geschlagen, in denen er den Gegner die besetzten Höhen ersteigen ließ und sich dann — nach Abgabe des Feuers — mit dem Bajonett auf ihn warf, um ihn wieder herabzustürzen. Auch hierzu gehört in hohem Grade Ordnung, kaltes Blut, Kriegszucht. — Dabei aber zog er aus dem Aufstande der Bevölkerung und dem Guerrillakriege, sowie aus den spanischen Milizen als Hülfsmittel den größten Nutzen, Faktoren, welche, wie ich dies neulich nachzuweisen suchte („Kleiner Krieg und seine Bedeutung für die Gegenwart"), niemals zu vernachlässigen sind.

c. Es kommt darauf an, denselben (den Ersatzreserven) in kurzer Zeit eine Ausbildung zu Theil werden zu lassen, welche sie befähigt, im Rahmen eines aus vollkommen ausgebildeten Mannschaften formirten Truppentheils ihre Funktionen zu erfüllen.

2) Turnen am Gerüst und Bajonettfechten sind von den Uebungen auszuschließen, auch ist von einer paradernäßigen Ausbildung Abstand zu nehmen.

3) Mit Rücksicht auf die nur kurze Uebungszeit ist bei der Infanterie und den Jägern auf die Ausbildung des einzelnen Mannes im Terrain und im Schießen von vornherein ein besonderer Nachdruck zu legen. Bezüglich sorgsamster Ausbildung für letztgedachten Dienstzweig wird ausdrücklich auf die Vorschriften des § 8 der Schieß-Instruktion für die Infanterie hingewiesen.

4) In der letzten Zeit der Uebungsperiode ist bei der Infanterie das Exerziren der Kompagnien auf dem Exerzirplatz und im Terrain zu üben. Außerdem hat eine praktische und theoretische Unterweisung in den Anfangsgründen des Sicherheitsdienstes stattzufinden.

Mit diesen nur allgemeinen, aber das Wesen der Sache durchaus bezeichnenden praktischen Anleitungen ließ man der Armee einen Spielraum, innerhalb dessen man mancherlei Wege betreten und die verschiedensten Erfahrungen sammeln konnte, auf Grund derer man vielleicht in Zukunft genauere Anleitungen zu geben gedenkt.

Es war dieses Verfahren jedenfalls ein ehrendes Vertrauenszeugniß für die Einsicht und die Diensterfahrung der Infanterie-Offiziere und ist dasselbe nicht getäuscht worden. Unsere Offiziere und Unteroffiziere, eines solchen Ausbildungsmodus ungewohnt, standen vor einer schweren Aufgabe. Sie mußten sich selbst ein System bereiten. Daß nun dabei da und dort Umwege gemacht wurden, und demzufolge nicht ganz Gleichartiges erreicht, auch bei den Besichtigungen nicht verlangt wurde, weil nur ganz allgemein das Ziel und der Zweck der Ausbildung angegeben worden waren, ist natürlich.

Es steht wohl außer Frage, daß genauere Anhaltspunkte die Ausführung erleichtert hätten und in Zukunft erleichtern würden. Denn es liegt in der Natur der Sache, daß gerade dort, wo die Zeit beschränkt ist, man von dem Grundsatz, die möglichste Freiheit in der Ausbildung zu lassen, vielfach abweichen muß. Ein fester Ausbildungsplan hat hier seine großen Vortheile. Da dieser im Allgemeinen fehlte, so mußten sich nothwendig mancherlei Unterschiede im Ausbildungsgang und in den Resultaten ergeben.

Der eine Truppentheil legte mehr Werth auf die möglichste Herbeiführung eines strammen Drills, der andere mehr auf das zerstreute Gefecht. Beide Dinge dienen schließlich, jeder in seiner Art, demselben Zweck, der kriegsgemäßen Ausbildung. Der eine ging frühzeitiger zum Truppexerziren und zum Kompagnieexerziren, der andere später dazu über. In einem Regiment exerzirte man vielfach in kriegsstarken Kompagnien, gemischt mit den Stammmannschaften, in jenem exerzirten die Ersatzreservisten nur für sich. Feuerdisziplin und Felddienst wurden bei dem einen sehr stark, bei dem anderen fast gar nicht geübt. Dort wurde nur in der Kompagniekolonne exerzirt, dort die gesammte Kompagnieschule in drei Gliedern durchgemacht.

Doch auch dort, wo man am wenigsten von dem gewöhnlichen Ausbildungsgange abwich, war das Streben nach dem Zweck der Uebung ausdrücklich erkennbar, wie wir dies zu Anfang unserer Darlegung schon bemerkten.

Die Resultate waren im Allgemeinen, daß die Stellung und Haltung der Leute unter dem Gewehr eine mangelhafte, der Schulschritt nicht derart war, wie wir ihn in der deutschen Armee gewöhnt sind. Die Einzelheiten in den Bewegungen der geschlossenen Masse, die Richtung, der Vordermann, die Abstände, das Gewehrtragen waren nicht genau, und wenn die Kompagnien im Stande waren, Bewegungen in geschlossener Ordnung, zum Theil sogar im strammen Tritt, auszuführen, so war doch zu bemerken, daß ein unvorhergesehener Zwischenfall sehr leicht die ganze Truppe in eine schwer zu lösende Verwirrung hätte werfen können.

Die Feuerdisziplin war sehr verschieden. Während in einzelnen Truppentheilen die Leute mit Patronen tadellose Salven gaben, konnten sie es in anderen aus der geschlossenen Masse nicht einmal mit Exerzirpatronen zu Stande bringen.

Die Schießresultate — es wurden während der Uebung 40 scharfe Patronen nach der Scheibe verschossen und waren die Uebungen für die Infanterie vom Kriegsministerium vorgeschrieben — sollen sehr verschiedene, im Allgemeinen aber auch befriedigende gewesen sein. Eine Statistik hierüber in größerem Maßstabe fehlt uns selbstverständlich.

Die Formen des zerstreuten Gefechts auf dem Exerzirplatz wurden meist gut und schneidig vorgeführt, dagegen war die Benutzung des Geländes eine sehr mangelhafte. So das allgemeine Resultat, soweit es für uns zu ermitteln gewesen ist.

Besichtigungen sind freilich in gewissem Grade immer verschieden, und es fällt uns nicht ein, es für nützlich erklären zu wollen, wenn Form und Gang einer Besichtigung stets dieselben wären. Dagegen müssen sie dem zu erreichenden Ziel sich im Allgemeinen anschließen. Wenn nun die Besichtigungen der Ersatzreserven sich bei vielen Truppentheilen auf Dinge erstreckten, die, den Zweck der Uebung in's Auge gefaßt, wohl nicht unbedingt nöthig gewesen wären, so kann man doch insofern einen Vortheil darin erkennen, als man dort gesehen hat, welche Stufe der Ausbildung die Ersatzreserven in allen den sonst von einer Linientruppe betriebenen Dingen wirklich erreicht hatten. Eine einmalige Erfahrung hierin dürfte jedoch genügen, und die Besichtigung sich in künftigen Zeiten noch mehr den Zielen der Ausbildung anzupassen haben.

Der Gang der Ausbildung und ihr Ziel waren also für die zehnwöchentliche Uebung, d. h. für die erste, ungefähr bezeichnet. Von dem Gange der Uebungen der zweiten Quote (die vierwöchentliche) bezüglich der dritten und vierten (die zweiwöchentlichen), kann vorläufig keine Rede sein. Ebensowenig kann also von einem genau bezeichneten Ziel derselben gesprochen werden.

Es sei jedoch erlaubt, hier eine Ansicht zu äußern, die wir einfach auf den Zweck der ganzen Einrichtung gründen, aber durchaus nicht als maßgebend hinstellen wollen, umsoweniger, als dies Gesetz so tief in den Organismus der Infanterie sowie in deren Dienstbetrieb eingreift, wie man es sich in der Armee bei Erlaß desselben vielleicht gar nicht vorgestellt hatte.

Der Zweck der Einrichtung ist, die Ersatzreserven in ausgebildete Truppenkörper einzureihen und sie daselbst als ein im Allgemeinen brauchbares Material zu verwenden. Dies muß als Endziel der Uebungen festgehalten und als solches auch geprüft werden. Wir glauben daher, daß als Ziel der ersten Uebung (zehnwöchentlichen) die Ausbildung des einzelnen Mannes und in der durch die Ersatzreserven gebildeten Kompagnie im Vordergrunde stehen muß und zwar hauptsächlich im Exerziren, der Feuerdisziplin, dem zerstreuten Gefecht und den Anfangsgründen des Sicherheitsdienstes, wie die kriegsministerielle Verfügung auch ausdrücklich betont. Eine weitere Ausbildung im Felddienst würde vorläufig nur leeres Stroh dreschen, das Gedächtniß überfüllen und das Begriffsvermögen schwächer.

Die Hauptsache ist, den Mann im Rahmen der Truppe gefechtsfähig zu machen.

Die zweite Uebung (vierwöchentliche) müßte sich in den ersten 14 Tagen mit der Wiederholung des Erlernten, hauptsächlich in der Einzelausbildung, beschäftigen, die letzten 14 Tage aber müßten die Ersatzreserven in die Kompagnien der Regimenter eingestellt werden und alle Uebungen derselben mitmachen, wobei sie jedoch von allem Wacht= und Arbeitsdienst befreit sein und an den Wachttagen der Truppe allein exerziren müßten.

Die Zeit müßte freilich nicht die der Bataillonsexerzitien sein. Es würde uns nicht gelingen, mit eingestellten Ersatzreserven die Bataillone derart in dem geschlossenen Exerziren auszubilden, wie dies in der deutschen Armee als nothwendig erachtet wird.

Die sogenannte Felddienstperiode, und zwar etwa die, in welcher die Bataillone ihre Uebungen ausführen, erscheint als die geeignetste Zeit, um den Ersatzreserven, ohne daß sie der Ausbildung der Linientruppe schaden, beizubringen, wie sie sich in der Truppe selbst zu verhalten haben, ihnen zu zeigen, was Anstrengungen sind, was Marsch= und Feuerdisziplin in größeren Verhältnissen sein sollen, und wozu sie dienen.

Die letzten Uebungen (zweiwöchentliche) würden am besten in die Zeit der Divisionsmanöver verlegt und die Leute nach 3 bis 4 Tagen Einzelexerziren in die Truppe eingestellt werden.

Die Belastung der Infanterie — wir kommen auf diesen großen Nachtheil der ganzen Einrichtung noch zurück — könnte auch nur durch dieses Verfahren vorläufig auf ein geringeres Maß zurückgeführt werden.

Wir beschränken also unsere Auseinandersetzung auf die erste Quote und meinen, daß die Besichtigung sich etwa zu erstrecken hätte: auf die Aufstellung der zweigliedrigen Kompagnie, die Stellung der Leute mit Gewehr bei Fuß und „Gewehr über", den Anschlag und die Chargirung mit Exerzirpatronen, noch besser mit Platzpatronen.

Sodann müßte in der zweigliedrigen Kompagnie die Richtung und die Wendungen, die Griffe, die Chargirung zug= und kompagnieweise und die Bewegungen in Sektionen, sodann die in der Kompagniekolonne mit und ohne Tritt geprüft werden.

Die Besichtigung würde sich nunmehr zu den elementaren Uebungen und Gefechtsübungen auf dem Exerzirplatz wenden, wie wir dies Seite 26 bis 29 auseinander gesetzt haben, mit dem Unterschiede jedoch, daß nur das Allereinfachste vorzuführen sein würde.

Eine Besichtigung der Mannschaft im Gelände und eine einfache Gefechtsübung dürften vor Allem nicht fehlen.

Ob man es für praktisch hält, vor Beginn des Exerzirens der aus den Ersatzreserven zusammengestellten Kompagnien, gewissermaßen nach dem Abschluß der Rekrutenzeit derselben, eine Besichtigung der einzelnen Leute, etwa in Stellung, Griffen, Anschlag, Chargirung, Benutzung des Geländes und Schätzung der Entfernungen vorzunehmen, mag dahingestellt bleiben. Wir würden uns unbedingt dafür entscheiden. — Eine Besichtigung im Trupp könnte fortfallen und zugweise mit der Kompagniebesichtigung am Ende der Uebung verbunden werden.

Was den Unterricht anbelangt, so sind die Ersatzreserven bei vielen Regimentern gar nicht besichtigt worden; dies scheint aber in einzelnen Zweigen durchaus nöthig, und zwar möchten wir als erforderlich hinstellen:

Kriegsartikel, dabei die Pflichten des Soldaten, Quartierordnung, Ehrenbezeugungen, Eintheilung der Armee, Kenntniß der Vorgesetzten, die Kenntniß vom Königlichen Hause.

Behandlung des Gewehrs. Praktischer Anschlag.

Einige Fragen über Gebrauch der Visire und das Schätzen der Entfernungen und das Gefecht.

Das erste Erforderniß, um die Ausbildung der Ersatzreserven in die Wege leiten zu können, ist, wir wiederholen es, die Aufstellung eines festen Planes, einer genauen Zeiteintheilung; sodann die Mittheilung desselben an das Lehrpersonal und die Unterweisung der Offiziere und Unteroffiziere über die Lehrmethode, welche man zu befolgen gedenkt. Diese Vorbedingung ist in den meisten Truppentheilen nicht erfüllt worden, was bei der Menge des Sommerdienstes nicht gerade Wunder nehmen kann, und doch ist dieselbe ungemein wichtig, und zwar deshalb, weil ein neues System der Ausbildung — denn ein neues kann man es mit Recht nennen — hier zur Ausführung gelangen sollte.

Gewiß ist, daß ein großer Theil der Unteroffiziere mit gänzlich unklaren Begriffen über Ziel, Weg und Methode seinen Dienst antrat.

Der durchgehende Gedanke der Ausbildung müßte meines Erachtens die größte Einfachheit der Uebungen, die möglichste Einschränkung derselben, die stete Betonung des unmittelbaren kriegerischen Zweckes, innerhalb dieses Rahmens aber ebenfalls die größte Straffheit, Sorgfalt und Genauigkeit der Ausführung der Uebungen sein.

Die Ausbildung, wie wir sie diesmal in den Ersatzreserve-Uebungen gesehen haben, zeigte überall die Einsicht und den Eifer, dem von dem Ministerium bestimmten Ziel gerecht zu werden, betrat wohl auch vielfach die kürzesten Wege, hatte aber noch einen zu weiten Rahmen vor sich und erstreckte sich demzufolge auch auf zu viele Gegenstände, daher die Ausführung denn auch in vielen Dingen eine sehr mittelmäßige war. Es ist die Vereinfachung des Rahmens, das heißt der Wegfall mancher Dinge, welche in der Grundvorschrift (Reglement) enthalten sind, welcher uns für diesmal noch gefehlt hat.

Es kann sich nicht darum handeln, Alles als paradegemäß zu bezeichnen, was für die Hebung der Haltung und der Genauigkeit der Exerzitien von Werth ist, sondern nur diese Dinge derart zu beschränken, daß man sie innerhalb zehn Wochen den Mannschaften in gewissem Grade wirklich beibringen kann. Gesetzt man gäbe nun besondere Vorschriften für die Ersatzreserven, so würde fast der Uebelstand zweier Reglements in einem Heere entstehen. Andererseits kann nicht verlangt werden, das Reglement der Linientruppe, auf welchem die gründliche Durchbildung des Heeres beruhen soll, der Uebung der Ersatzreserven ganz anzupassen.

Indeß fordert dies Institut dazu nachdrücklich auf, das jetzige Infanterie-Reglement abermals darauf hin zu prüfen, ob nicht Vereinfachungen ohne Schaden möglich, ja geboten sind.

Da wir diese Frage schon längst bejaht haben, so wollen wir uns mit erneuter allgemeiner Begründung nicht befassen, sondern nur, dem Zweck dieser Schrift gemäß, bemerken, daß man durch weitere Vereinfachungen das Reglement auch für die Ausbildung der Ersatzreserven möglichst brauchbar machen, die beiden Ausbildungsmethoden nähern, die Unterschiede derselben ausgleichen und somit einen großen Uebelstand abschwächen würde, welcher in dieser doppelten Methode wurzelt. Dieser Uebelstand besteht darin, daß jedes Lehrpersonal, welches nach zwei Methoden ausbilden muß, und insbesondere die Unteroffiziere, in seinen Anschauungen, in seiner Beurtheilungskraft, in seinem praktischen Blick irre gemacht werden wird, da es faſt unausbleiblich iſt, daß es die Grundſätze der beiden Lehrmethoden bei der Ausführung unwillkürlich durcheinander wirft.

Die Vereinfachungen des Reglements, welche allen Zwecken gleich gut dienen würden, ſind: die Aufſtellung der Kompagnie in drei Zügen zu zwei Gliedern; die Abſchaffung des Schließens; die Abſchaffung des angefaßten Gewehrs, ſomit dreier Griffe auf einmal; die Abſchaffung des Reihenmarſches im Tritt und der Märſche in geöffneten Zugkolonnen. — Die Aufſtellung einer Anleitung über Ausbildung des Rekruten zum Schützen und deren Einreihung in den erſten Abſchnitt des Reglements müßte ſich hieran anſchließen.

Auch innerhalb dieſes verkleinerten Rahmens bliebe die Ausbildung der Erſatzreſerven nicht nur ein eigenartiges, ſondern ein ſehr mühſames Werk. Daſſelbe würde aber doch durch die vorgeſchlagenen Aenderungen in Etwas erleichtert werden.

Das in der Lehrmethode zu befolgende Prinzip iſt daſſelbe, welches wir als vortheilhaft für die Ausbildung der Linienkompagnien bezeichnet haben, d. h. neben ſtraffem Exerzirdrill, neben den gymnaſtiſchen und den Ziel-Uebungen, die Anerziehung der ſtrengſten Feuerdisziplin und ſofortige Entwickelung der natürlichen Anlagen des Mannes zum zerſtreuten Gefecht.

Von der Stärkung ſeines Charakters mit Rückſicht auf ſeinen Beruf, von der Anerziehung des militäriſchen und vaterländiſchen Ehrgefühls, wie wir es bei den Linientruppen verlangen, will ich hier nicht ſprechen. Gerade die Unmöglichkeit, dieſe Seiten der Ausbildung genügend zu berückſichtigen, unterſcheiden ebenfalls den gedienten Mann von dem Milizſoldaten.

Haben wir oben den äußerlichen Rahmen der Ausbildung bezeichnet, ſo möchten wir die Einzelnheiten derſelben ungefähr in eine Zeiteintheilung faſſen.

Es erſcheint praktiſch, die ganze Uebungszeit der Erſatzreſerven in zwei Abſchnitte zu theilen, wie — ſoweit unſere Nachrichten reichen — auch faſt überall in der Armee geſchehen.

1) Ausbildung des Einzelnen oder die Rekrutenzeit;
2) Die Kompagnieausbildung.

Der erſte Abſchnitt könnte 6 Wochen, der zweite 4 Wochen umfaſſen.

I. Abschnitt.

Erste Woche.

In der ersten Woche dürfte ein lebendiger Betrieb der Gymnastik und zwar der Freiübungen, Gewehrübungen, des Laufschritts und des Freisprunges zu empfehlen sein, welche beiden letzteren Uebungen während der ganzen Uebungszeit fortzusetzen wären.

Des Ferneren wäre zu üben:

die Stellung ohne Gewehr;

die Wendungen;

die Ehrenbezeugungen;

das anständige und gewandte Gehen in einem gewissen Tempo;

gliederweises Antreten;

zugweises oder truppweises Antreten in zwei Gliedern in Front und in Reihen, dabei genaue Unterweisung der Leute über die Grundsätze der Richtung und der Aufstellung;

die Aufstellung in drei Gliedern wird ebenfalls zu üben sein, weil sie im Reglement enthalten ist, jedoch auch nur diese. Ein Exerziren in drei Gliedern würde dem Ziele der Ausbildung und dem kürzesten Wege zu demselben nicht entsprechen;

Uebung von Aufmärschen und Einschwenken ohne Tritt;

Zielen am Sandsack;

Uebung des Anschlages mit Bajonettirgewehren;

Uebung des Ausschwärmens und Sammelns in Unteroffizier-Abtheilungen auf dem Platz;

Unterricht über Kriegsartikel, Dienstpflichten und Eintheilung der Armee.

Zweite Woche.*)

Die Leute erhalten das Gewehr in die Hand.

Allmäliges Uebergehen aus dem tempomäßigen Gehschritt in den Schulschritt, wie er im Reglement angegeben.

Freiübungen besonders auf den Schulschritt bezüglich.

Die Uebung des Schulschrittes erfolgt nicht nur im Einzelexerziren, sondern auch schon in Gliedern, die Leute mit drei Schritt

---

*) Wir werden die Wiederholungen der Uebungen in der Regel nicht besonders anführen, sondern nur das in jeder Woche neu Hinzugesetzte.

Abstand. Es wird jeden Tag nach der Trommel, zum mindesten eine Viertelstunde marschirt. Die baldige Aufnahme und Einprägung des Taktes und des Tempos ist ein wesentliches Mittel zur Erlernung des Schulschrittes.

Die Wendungen werden in Gliedern und in Zügen geübt. Die Richtung wird in Gliedern und in Zügen vorläufig erst im Allgemeinen ohne Peinlichkeit geübt. Der Lehrer überzeugt sich durch häufiges Fragen, ob die Leute die Grundsätze der Richtung wirklich in sich aufgenommen haben.

Die Leute werden mit der Manipulation des Ladens, des Spannens und Abbrückens und des Sicherns vorläufig bekannt gemacht.

Die Leute lernen die Stellung mit Gewehr bei Fuß, den Griff Gewehr über und Gewehr ab.

Die Uebung des zerstreuten Gefechts wird derart fortgesetzt, daß die Abtheilungen in den verschiedensten Richtungen ausschwärmen, gerade aus, halbrechts, halblinks, auf der Grundlinie, stets mit Richtung (Direktion) auf einen Punkt, im Schritt und im Trabe.

Die Unteroffiziere überzeugen sich durch Fragen, ob die Leute den Unterschied zwischen geschlossener und zerstreuter Ordnung wirklich begriffen haben.

Die Signale: Schwärmen, Vorgehen, Halt, Zurückgehen, Sammeln und Achtung werden den Leuten vorgepfiffen.*)

Das Schätzen der Entfernungen wird bis 200 Meter begonnen.

Unterricht:

Die Vorgesetzten;

Disziplinarverhältnisse;

Ehrenbezeugungen;

Löhnungsverhältnisse.

Dritte Woche.

Man vereinigt die Uebungen Anschlag und Zielen, und zwar am Gestell und freihändig. — Im Falle das angefaßte Gewehr beizubehalten, wird der Griff Gewehr auf und Gewehr ab geübt.

Die Chargirung wird systematisch nach Tempo geübt.

Es wird in Gliedern mit etwas erweiterten Abständen marschirt.

---

*) Weitere Signalkenntniß ist überhaupt nicht nöthig.

Die einzelnen Leute lernen die Wendungen im Marsch.

Die Glieder und die Züge üben die Richtung genauer.

Das zerstreute Gefecht wird mit dem Gewehr in der Hand in den einfachsten Formen auf dem Platze in Abtheilungen und in Zügen geübt.

Auf die Mechanik der Entwickelung, die stete Bezeichnung der Richtungsrotte und der Richtungsabtheilung, die Innehaltung des Richtungspunktes ist das nöthige Gewicht zu legen.

Das Schätzen der Entfernungen geht von 100 und 200 Meter zu 270 bis 350 Meter über.

Die Züge werden einmal in einen passenden Terrainabschnitt geführt, und die einzelnen Abtheilungen nehmen behufs Postirung und Schulung des Einzelnen eine Stellung.

Gegenüberstellen einer anderen Abtheilung, gegenseitiges Zielen.

Belehrung, daß keine Stellung tauglich ist ohne freies Schußfeld.

Belehrung, daß dies das erste, die Deckung erst das zweite Erforderniß ist.

Unterricht:

Das Königliche Haus.

Behandlung des Gewehrs und Kenntniß desselben. Letzterer Zweig in der einfachsten Weise; nur die wesentlichen Theile werden benannt.

Vierte Woche.

Uebung der Griffe des Gewehr-Anfassens und -Uebernehmens (falls dieselben nicht gestrichen sind) im Einzelnen.

Exerziren der Glieder in den bereits geübten Griffen.

Uebung der Chargirung im Einzelnen.

Anschlag aufgelegt, freihändig und liegend aufgelegt.

Die Leute thun, je nachdem der Bestand an Platzpatronen ausreicht, einen oder mehrere Schüsse nach der Scheibe.

Marschbewegungen, und zwar Reihenmarsch, Frontmarsch, Sektionsmarsch, Abschwenken, Einschwenken in Sektionen, Aufmärsche und Abbrechen werden in Gliedern geübt.

Bewegungen der zweigliedrigen Züge in denselben Formen, jedoch ohne Tritt. Die Richtung wird mit genauerer Beachtung der Einzelnheiten geübt.

Zerstreutes Gefecht auf dem Platz in Zügen.

An zwei Tagen Uebung im Gelände. Es wird der Anschlag an verschiedenen Terraingegenständen während der Besetzung einer Vertheidigungsstellung, sodann das Vorgehen der einzelnen Schützen, der Gruppen und Züge gegen einen markirten Feind, oder auch eines Zuges gegen den anderen geübt.

Schätzen der Entfernungen bis zu 400 Meter.

Unterricht:

Behandlung des Gewehrs.

Praktische Kenntnisse über Anschlag, Bahn der Geschosse, Wirkung und Gebrauch der Visire.*)

Der Wachtdienst, hauptsächlich Pflichten des Postens.

Fünfte Woche.

Griff zum Präsentiren und Schultern (falls diese in derselben Weise beizubehalten).

Marschbewegungen aller Art, in Gliedern und in Zügen.

Genaueres Ueben der Richtung nach Points, der Wendungen in Zügen.

Ueben des Laufschritts in Zügen.

Ueben der anderen Griffe und der Chargirung in Gliedern. Anschlag im Knieen. Verfeuern von einer oder zwei Platzpatronen, dabei Instruktion über das Verhalten auf dem Schießstande.

Bewegungen ohne Tritt in der Kompagniekolonne.

Zerstreutes Gefecht in der Kompagniekolonne.

Entwickelung derselben nach vorwärts und auf der Grundlinie, zuerst in geschlossener, sodann in zerstreuter Ordnung.

Bewegungen mit der Feuerlinie.

Die Feuerarten, Schwarmsalve und Schützenfeuer. Der Schützenanlauf.

Zwei Uebungen im Gelände in Zügen.

Im Einzelnen: Uebung und Verwerthung der bisher erlernten Anschlagarten an den Terraingegenständen.

Aufstellungen gegeneinander.

Durchführung eines einfachen Frontalangriffs gegeneinander oder gegen einen aus Stammmannschaften gebildeten Feind.

---

*) Möglich, daß dies ganz und gar bei den praktischen Uebungen abzumachen. Die Lehre von der Theorie des Schießens, wie sie jetzt den Leuten in der Linie zu Theil wird, ist auf das Einfachste zu beschränken.

Erste Distanz der Vorübung wird geschossen.

Unterricht:

Fortsetzung des Wachtdienstes.

Wiederholung des Unterrichts über Disziplinarverhältnisse und Kriegsartikel, letzteres durch den Kompagnieführer selbst.

Einige Worte über die Geschichte des Regiments.

Sechste Woche.*)

Wiederholung des bisher Erlernten.

Durchexerziren der sämmtlichen Griffe, der Wendungen, der Richtung in Gliedern; der Aufstellung, der Richtung im Zuge nach Rotten und Points.

Anschlag im Knieen und liegend freihändig.

Zerstreutes Gefecht in Zügen und in der Kompagniekolonne auf dem Platz. Bildung der Feuerlinie aus zwei bis drei Zügen und genaue Festsetzung des Seitenrichtungsprinzips sowie Uebung von Vormärschen längerer Schützenlinien auf einzelne Terrainpunkte.

Marsch in das Gelände zu zweimaliger Uebung mit Sicherheitsmaßregeln.

Ueberraschendes Auftreten einiger Stammmannschaften mit Patronen.

Entwickelung der Kompagnie dagegen.

Kontrole des Anschlages des Einzelnen in den vorerlernten Anschlagarten.

Gegenüberstellung zweier Züge. Darstellung eines mißlungenen Angriffs.

Praktische Belehrung der Leute, daß ein solcher die Truppe der Vernichtung aussetzt, daher kein Stutzen beim Angriff stattfinden darf.

Darstellung eines gelungenen Angriffs.

Praktische Belehrung der Leute, in wie ungünstiger Lage sich der aus der Vertheidigungsstellung geworfene Gegner befindet.

Verwendung einiger Patronen hierbei.

Zweite Uebung der Vorübung wird geschossen.

---

*) Es ist selbstverständlich, daß in dieser ganzen Periode der Uebung des einzelnen Mannes in den Griffen, im Schulschritt, in Haltung und Stellung, ein gewisser Theil der Zeit gewidmet wird. Wir verweisen auf unsere Bemerkung zur zweiten Woche.

Unterricht:

Fortsetzung des Wachtdienstes; die gesetzlichen Bestimmungen über Waffengebrauch, Wiederholung des schon Vorgetragenen.

Betrachtung der bereits gemachten Uebungen über das zerstreute Gefecht mit steter Rücksichtnahme auf das Ernstgefecht und das psychologische Moment.

Am letzten Tage der Woche Besichtigung im Einzelnen vor dem Regimentskommandeur.

II. Abschnitt.

Siebente Woche.

Wiederholungen des bei der Besichtigung als mangelhaft Erkannten.

Die Arten des Anschlages werden geübt, welche auf dem Scheibenstande nicht, wohl aber im Ernstgefecht vorkommen, d. i. Anschlagen am dünnen Baum, am dicken Baum, durch Scharten.

Glieder- und zugweises Exerziren der Bewegungen, der Griffe, der Richtung, der Wendungen. Es muß in dieser Zeit vor Allem darauf hingewirkt werden, daß sich keine Erschlaffung bei den Leuten geltend macht.

Exerziren in der zweigliedrigen Kompagnie, und zwar zuerst: Marsch in der Kompagniekolonne zur Regulirung des Trittes.*)

In den beiden letzten Tagen der Woche: Marsch in Sektionen, Einschwenken, Aufmärsche, Abbrechen, Frontmärsche der Kompagnie. In Reihen setzen und Reihenmarsch wird ohne Tritt geübt.

In der Kompagniekolonne werden die Entwickelungen zum Feuern vielfach nach verschiedenen Seiten geübt.

Das Gefecht auf der Ebene enthält vorläufig nur Schützenbewegungen, Verhalten gegen Kavallerie, Sammeln in einzelnen Zügen zur Abgabe von Salven und den Schützenanlauf.

---

*) Es ist hierbei Folgendes zu bemerken:
Die Eintheilung der Kompagnie in drei zweigliedrige Züge, welche die Rekrutentrupps bilden, wird das Zusammenziehen der Kompagnie, welche ja eigentlich auch nur ein großer Rekrutentrupp ist, sehr erleichtern, und werden hierbei manchmal geringere Schwierigkeiten bei der Regulirung des Marschtempos eintreten, als bei der Zusammenstellung der Stammmannschaften der Linie mit den gewöhnlichen Rekruten in diesem Zeitpunkt zu bewältigen sind.

Anleitung und Belehrung durch den Kompagnieführer selbst über die Rolle der Kompagniekolonne, der Unterstützungstrupps, der Schützenlinie im Gefecht.

Eine Uebung im Gelände.

Besetzung eines Abschnittes durch die Kompagnie. Das Schätzen der Entfernungen findet bis zu 600 Meter statt. Bei allen Zielübungen und Felddienstübungen wird in dieser Woche der halbbeschwerte Tornister getragen.

Die erste und zweite Uebung der Hauptübung wird geschossen.

Unterricht:

Ueber das Gefecht.

Ueber den Marschdienst.

Fortsetzung des Wachtdienstes.

Achte Woche.

Die Züge exerziren Marschbewegungen, üben besonders Frontmärsche und Abbrechen, den Bajonettangriff, den Angriff aus der Salve (englische Attacke).

Die Kompagnie exerzirt die Griffe und Bewegungen vollständig durch.

Uebung des Bajonettangriffs in der geschlossenen Kompagnie.

Bewegungen in der Kompagniekolonne, insbesondere Achtelschwenkungen und daran anschließend Aufmärsche.

Gefecht: Das Hineingehen von Unterstützungstrupps in die Schützenlinie; der Stoß mit der Kolonne, mit Schützen in den Intervallen; das Karree wird geübt.

Nach den elementaren Uebungen, Durchführung einer fortlaufenden Gefechtsidee auf dem Platz.

Zweimal in's Gelände, wo in derselben systematischen Weise das Gefecht geübt wird.

Unterweisung der Leute über den Begriff des Fernfeuers, die Gestalt der Geschoßgarben und den Gebrauch zweier Visire. Hierbei nur das Thatsächliche, nicht die Begründung durch die Theorie.

Bei den Zielübungen und im Terrain wird der ganz beschwerte Tornister getragen.

Dritte und vierte Uebung wird abgeschossen.

Unterricht:

Wiederholungen.

Gefecht (siehe die Anleitung auf Seite 45 bis 47).

Wachtdienst.

Neunte Woche.

Exerziren in der Kompagnie.

Eine Uebung auf dem Platz mit Patronen, welche speziell für die Aneignung der Feuerdisziplin bestimmt ist.*)

Zwei Uebungsmärsche 2 bis 2½ Meile, verbunden mit einfachen Gefechtsübungen oder mit einer Vorpostenaufstellung zweier Kompagnien gegeneinander.

Bei Exerzir- und Felddienstübungen wird das vollständige Gepäck getragen.

Die fünfte Uebung (letzte) wird geschossen.**)

Unterricht:

Ueber Marsch- und Vorpostendienst.

Zehnte Woche.

Wiederholungen des gesammten Kompagnieexerzirens, mit vollständigem Gepäck. Man bringt die Kompagnie durch plötzliche Annahmen oder Befehle in Lagen, welche die Disziplin und die gewonnene Bewegungs- und Manövrirfähigkeit zu prüfen geeignet sind.

Es kann anheimgestellt werden, das Gepäck zeitweise ablegen zu lassen, um die Mannschaften in Stellung und Haltung hin und wieder aufzurichten.

Zwei Uebungsmärsche von 2½ bis 3 Meilen mit einfachen Gefechtsübungen, bezüglich Vorpostenaufstellung. Die Leute werden in dem Gebrauch des Spatens durch Aufwerfen eines einfachen und eines Schützengrabens für knieende Schützen geübt.

Unterricht:

Wiederholung des Durchgenommenen.

Besichtigung.

Es muß den Kompagnieführern ausdrücklich jedes spezielle Drillen zum Zweck der Besichtigung untersagt, sondern nur darauf hingearbeitet werden, daß die Uebungen ohne jede unnütze Schwankung in ruhigem Gang vorschreiten.

---

*) Eine bedeutende Bewilligung von Platzpatronen ist bei den Uebungen der Ersatzreserven mehr als irgendwo anders Bedingung.

**) Die Heranziehung zum Wachtdienst hat von der siebenten Woche angefangen und schließt mit dem Ende der neunten Woche.

Es ist das erste Mal, daß wir eine solche Beschäftigungs= eintheilung für die Oeffentlichkeit aufstellen, und kann man, wie wir nicht verkennen wollen, Vieles gegen solche Eintheilungen überhaupt sagen, deren Durchführung immer von vielen Zufälligkeiten und Umständen abhängig ist. Indeß, wenn eine solche Nutzen haben kann, so ist es gerade hier der Fall, wo die Zeit beschränkt und eine dem größten Theil des Lehrpersonals neue Aufgabe zu lösen ist, und zwar von Offizieren als Kompagnieführer, die meist noch nie Kompagnien geführt haben.

Wir beabsichtigen nur, genau zu entwickeln, wie die von uns vertretenen Gedanken sich zur Ausführung bringen lassen, sodann aber nochmals darzuthun, in welcher Weise der Rahmen geändert werden, welche Formen unserer jetzigen Grundvorschrift für diese Uebungen besser in Wegfall kommen müßten. Wir bezweifeln übrigens gar nicht, daß bei manchen Truppentheilen so oder ähnlich verfahren worden ist.

Mag sich jeder für künftige Zeiten aus jener Eintheilung heraus= nehmen, was ihm nützlich scheint, jedenfalls ist — wir wiederholen es — eine sorgfältige Eintheilung ein absolutes Erforderniß.

Ein Rückblick zeigt uns, daß in Wegfall gebracht sind:

das Schließen;

Marschiren in den geöffneten Kolonnen;

alles Exerziren in drei Gliedern.

Nun wird man nicht in Abrede stellen können, daß die Exerzir= übungen in zwei Gliedern, gründlich und desto länger geübt, wahr= scheinlich viel straffer und besser ausgeführt worden wären, wenn man das Exerziren in drei Gliedern ganz hätte fallen lassen können, welches dem unmittelbaren Kriegszweck nicht dienen kann.

Nicht angewendet wird der langsame Schritt, und hat das Exerziren mit Gepäck in den letzten Wochen eine Stelle gefunden. Auch sind speziell Uebungsmärsche — verbunden mit anderen Uebungen — angesetzt. Es herrscht jetzt ein vielfach nicht zu rechtfertigendes Vorurtheil gegen dieselben, über welches ich mich anderen Orts ge= äußert habe. Es ist freilich richtig, daß man den Soldaten während einer so kurzen Dienstzeit nicht an die Anstrengungen der Märsche gewöhnen kann. Aber man kann ihm einen Begriff von der Strenge der Marschdisziplin und von seiner eigenen Leistungsfähigkeit geben.

Soll man nun das Gepäcktragen und die Marschübungen ganz auf das nächste Jahr (vierwöchentliche Uebung) vertagen, zu Gunsten einer besseren strafferen Haltung im Gliede, zu Gunsten korrekterer

Griffe? Wir glauben es nicht, und zwar aus dem Grunde, daß man in einer so kurzen Dienstzeit mit solchen Unterbrechungen es doch niemals darin zu einem besonderen Standpunkt bringen, dagegen in den Anfangsgründen der Ausbildung sitzen bleiben würde. Die ganze Einrichtung bedingt nun einmal eine Art Milizausbildung — diese aber so gründlich wie möglich und unter den einfachsten Bedingungen zu geben, muß das Ziel sein.

Bemerken wollen wir übrigens, daß unser Ausbildungsplan dem jetzigen Reglement in keiner Weise widerspricht.

Das Wesentliche des Reglements für die direkte Kriegsausbildung ist gerade beibehalten, nur Unwesentliches ist gestrichen, wozu nach unserer Auslegung die kriegsministerielle Verfügung bis zu einem gewissen Grade berechtigt.

So lange aber hierzu eine formelle Erlaubniß nicht ertheilt oder die Grundvorschrift nicht geändert ist, kann die Auffassung nicht verworfen werden, auch die hier gestrichenen Formen zur Ausführung bringen zu müssen.

Wir hoffen gezeigt zu haben, daß die in dieser Schrift vertretenen Aenderungen der Ausbildung das ganze System geschmeidiger machen, und daß dasselbe sich so den Uebungen der Ersatzreserven leichter anpassen lassen würde.

Aus dem Resultat der diesjährigen Uebungen kann man also nicht — wir wiederholen es — irgend welche Folgerungen zu Gunsten eines Milizsystems, wohl aber, auch für die ganze Armee, die Lehre ziehen, daß wir in manchen Dingen direkter auf das Ziel kriegsgemäßer Ausbildung lossteuern und dasselbe vollkommener und schneller erreichen würden, wenn man sich zu den nöthigen Aenderungen, sowohl in der Grundvorschrift als im Ausbildungsgange entschlösse. Dann würde uns für den Rest der Dienstzeit des Infanteristen die Zeit zur wahren Festigung der Feuer- und Gefechtsdisziplin, der Terrainausnutzung, der Ausbildung der Unteroffiziere bleiben, in welchem wir bis jetzt noch nicht den wünschenswerthen Standpunkt erreichten, ohne der Straffheit unserer Massenbewegungen irgendwie Eintrag zu thun.

Und dies ist es, was ich in dieser Schrift und den „Taktischen Folgerungen" vor zehn Jahren schon vertreten habe.

Wenn wir nun den Vortheilen der Einziehung der Ersatzreserven in Vorstehendem gewiß Gerechtigkeit haben widerfahren lassen, so können wir wohl mit Berechtigung einen Blick auf allgemein gefühlte und bekannte Nachtheile werfen.

Es ist offenbar ein großer Uebelstand, zwei Sorten Soldaten in der Armee zu haben, wenn auch die eine und bessere Sorte bedeutend überwiegt. Wenn wir jedoch den Kriegsfall betrachten, so beträgt die Anzahl der in sieben Jahren ausexerzirten Ersatzreserven — falls in jedem Jahre wie in diesem etwa 35 000 Mann erster Quote zur Einstellung gelangen — nach Berechnung des wahrscheinlichen Abganges etwa 200 000 Mann, mit den fünf Jahrgängen aber, welche nach dem Gesetz von 1880 in der ersten Klasse verbleiben, etwa 370 000 Mann, welche im Falle eines großen Krieges in die Armee eintreten würden.

Die Meinung des gemeinen Mannes wird in der kürzeren Dienstzeit der Ersatzreserven eine ungerechtfertigte Bevorzugung sehen, und es wird schwer sein, diese Meinung durch Belehrung über die Verhältnisse ganz auszurotten; andererseits wird hin und wieder Ueberhebung der Langgedienten gegen diese Milizsoldaten unausbleiblich sein.

Auch der Gedanke, daß es mit einer viel kürzeren Dienstzeit gehen könne, wird sich in einzelnen Köpfen geltend machen und da und dort Verwirrung erzeugen.

Die Frage, ob die Infanterie im Stande sein wird, diese Ersatzreserve-Uebungen, neben Landwehr- und Reserve-Uebungen, mit Kommandirten zu versehen und zu leiten, ob hierunter nicht die feste und sichere Ausbildung der niederen Führer selbst leidet, ob die Ueberlastung überhaupt zu tragen ist, dürfte wohl nicht einfach von der Hand zu weisen sein, und sind wir überzeugt, daß sie eingehend an maßgebender Stelle erwogen werden wird.

Wenn man bedenkt, daß im Jahre 1883 die Infanterie-Regimenter
1 Landwehr-Uebung,
1 Reserve-Uebung,
3 Ersatzreserve-Uebungen
durchzumachen haben, so wird man es nicht unnatürlich finden, diese Frage aufzuwerfen, umsomehr, als die eben durchgemachte Uebung wieder bewiesen hat, welcher Eifer und guter Wille in unserem Offizierkorps und Unteroffizierkorps zu finden ist.

Auch die Bekleidungsverhältnisse bedürfen einer anderen Regelung, denn die Art und Weise, wie die Linien-Regimenter bei den neueren Uebungen, behufs Schonung der eigentlichen Kriegsgarnituren, die Landwehren, Reserven und Ersatzreserven mit Anzügen versehen müssen, ist nicht geeignet das Selbstbewußtsein und den Ordnungssinn der Leute der Linie zu heben.

Wir haben diese Sätze hingestellt, ohne eine Antwort darauf zu ertheilen und ohne Vorschläge zu machen, welche den Rahmen dieser Schrift überschreiten würden, umsomehr, als solche organisatorischen Vorschläge nur auf Grund genauester Untersuchungen erfolgen könnten, sollten sie nutzbar sein.

Wie man aber nur wünschen kann, daß die Presse und die von ihr größtentheils gemachte öffentliche Meinung die politischen Tagesströmungen und die Parteipolitik von der Betrachtung militärischer Einrichtungen fernhalten, und daß dieselbe möglichst sachlich sein möge, so kann man auch jetzt noch manchen Militärs zurufen, nicht aus den oder jenen älteren Einrichtungen, seien sie nun taktischer, technischer oder organisatorischer Natur, ein Dogma zu machen, sondern die Betrachtung und Erörterung in rein militärischem und vaterländischem Interesse als ruhige Prüfung aufzunehmen und sie nicht sofort und von vornherein in gefährlichem Licht zu erblicken.

Die beste Art der vollständigen Durchführung der allgemeinen Wehrpflicht zu finden, bleibt die hauptsächlichste organisatorische Aufgabe der Gegenwart, und ihre Lösung wird stets ihren guten Antheil an der Schlagfertigkeit des Heeres haben.